大是文化

외모 자존감 수업
외모에 예민한 당신을 위한 심리 기술과 실천법

看臉時代必修
外貌心理學

對外貌、身材敏感的你，不必再「容貌焦慮」，也能散發吸引力。

韓國知名精神健康醫學科醫生
釜雲洲——著
黃莞婷——譯

CONTENTS

第二章

改變不了第一印象，就扭轉最終印象……033

第三章

我長得好不好看，由誰說了算？……061

第四章

因為這些不完美，讓你顯得美！

第五章

看臉的時代，外貌自信得這麼來！……141

第六章

不管別人想，我就喜歡鏡中的自己……199

推薦語

追求身心靈平衡的我們，最基本的就是要先懂得欣賞自己，因為唯有懂得珍惜、喜愛自己，才能真正的使用和接受這個世界美好的能量。但現今社會有各種的壓迫，包括對外表的過度追求，我真心覺得每個人都需要一本這樣的書，時時提醒和暗示自我要喜歡自身，你必須是自己最好的盟友，一起成長，而非一直嫌棄自我的各種缺點。

本書非常實用，第五章帶領我們如何建立健康的外貌自尊，如果你擁有此書，請一定要跟著一起實踐，用你的行動來改變你的思想，再透過你的思想創造屬於你的幸福人生。

祝你們更喜歡自己。

——YOYO心靈角落創辦人／YOYO

二〇二二年十二月，新冠肺炎疫情稍微趨緩，而口罩禁令尚未解封。經過信義區時，我發現許多無法負擔租金的店家，紛紛都成了醫美診所。單一的審美框架讓人不斷希望透過外在的方法，符合完美臉蛋、完美身材的標準。《看臉時代必修，外貌心理學》不僅點出顏值紅利世代的盲點，同時也說明了不是每件事情都只能透過醫美、減肥、變美來解決，我們的「心理狀態」更是扮演了至關重要的角色。希望透過這本書，引起你對容貌焦慮、身體意象、外貌自尊的好奇。

——諮商心理師、作家／艾彼（本名王昱勻）

身而為人，外表不僅提供了他人認識我們的起點，事實上，也提供我們一個特別的機會——成為認識與探索自己的入口。本書探討了外貌、身體意象、自尊、自我概念與認同，乃至於不同外貌之生理狀態與背後心理狀態之關聯性，並輔以醫學、心理、社會等角度，帶領讀者「從心」思考相貌，也「重新」理解長相。這是極為日常但我們卻鮮少主動思考的議題，目前坊間少有類似的著作。

——臨床心理師／蘇益賢

前言
看臉時代的外貌心理學

本書是寫給因長相而感到自卑者的心理書籍，準確來說，是一本以外貌心理學為基礎、教讀者如何恢復自尊的指南。

我高中時經歷了掉髮低潮，導致我的自尊心直線下滑。如今回想起來，我實在不該把十幾歲到二十幾歲的青春年華，花在恢復失去的自信心上。不過，就結果而言，我之所以能擺脫對外表的困擾，並不是因為治好了掉髮，而是時間幫我接納了「鏡中的自己」。儘管如此，我仍感到不滿足，堅持掏錢買下一些不讀也無所謂的昂貴心理學原文書，於下班後研讀。

然而，外貌心理學這門學問出乎我的意料，我從該學科一路讀到身體意象（Body Image）、神經美學（Neuroesthetics）與心理皮膚學（Psychodermatology）等，藉此回顧過往所感受到的情緒與心理難關，從而分析我得以恢復外貌自尊心的原因與過程。

對相貌不滿是我親身經歷的心理難題，但這並不是只有我會遇到的問題，從時下蔚為風潮的減重、健身與整型，能看出不少人對「鏡中的自己」感到不滿。

不滿意自身模樣的原因各異，也許是因為臉蛋、體型、疤痕、青春痘、身高……來自各個身體部位的心理壓力。然而，值得注意的是，無論原因為何，自信心不足會嚴重影響到心理狀態，因為人類大腦的原始設計本來就對外型敏感。

本書一共分成六章。第一章介紹跟「外貌自尊」有關的基本知識；第二章了解腦科學認知的「美」；第三章分析外貌心理學導致缺乏自尊心的變數；第四章分析幾種容易產生心理自卑的容貌特性；第五章介紹對外表不滿的人，所具有的習慣與其相關對策；第六章則介紹十一種保持及恢復「外貌自尊」的方法。另外，還收錄應對個人形象壓力的心理技巧與實戰方法。若本書能作為使某人恢復自信心的指南，那就太好了。

第1章

外貌至上，讓許多人好焦慮

不知從何時起，「外貌自尊」成了熱門詞彙。日常中或網路上，常看到有人因為外貌被歧視而大吐苦水。另外，「外貌至上」一詞的討論度也居高不下。

從外貌心理學的角度來說，許多人因外型不佳而備感壓力，這是令人擔憂的現象。在重視外表的世界裡，對長相不滿會連帶造成整體自尊心低落，並延伸出整型率增加等的各種病態現象。**外貌自尊一詞通常是指「自身對相貌的評價」，實際上，這是更為複雜的概念。**

我們應該拋開「對主觀形象」的狹義認知，並從多方面進行思考，外貌至上主義亦是如此。外貌至上主義的確切定義，與人們實際所了解的，多少有些落差。為了幫助大家正確理解「外貌自尊」，本章將講述其基本概念、分析常見的誤解，以及客觀與主觀形象之間所出現的差異。

相信各位讀完本章後，將大幅拓展對「外貌自尊」一詞的視野。

01 已經瘦成皮包骨，仍嫌自己胖？

在韓國，「外貌自尊」是日常用到的詞彙，但它並不是心理學專業用語。人們對顏質的滿意度與多種要素（感知、感覺、行動等）密不可分，由於身材與相貌的關係是環環相扣的，因此我們有必要綜觀所有因素。最重要的是，如果單純認為外貌自尊帶來的滿意度是主觀的，就會產生盲點。舉例而言，有些減重人士採取傷害身體的減肥方式，像是服用有害藥物、一天運動八小時、進行單一食物減重法（Mono Diet）等，而瘦身的目的只是為了變好看。

有人主張「我很滿意自己的外表」，這並不表示他就充滿自信。**因為長相屬於身體的一部分，而外貌自尊心則是從尊重身體開始。**

身體意象是一種多層次的心理學概念，它綜合了前面提及的諸多要素，意指個體對自己身體的想法、感知、認知，以及由此產生的行動。簡言之，身體意象是個體對外貌的主觀形象加上客觀的行為。人們一般所說的高外貌自尊是指，滿足於自己的樣子，並用健康的方式管理體態；而**本書所闡述的外貌自尊，比起主觀上的滿意度，更貼近身體意象或與長相相關的自尊心**。

身體意象是心理學界關注的重點之一，因為它與各種精神疾病密切關聯，像是低自尊、憂鬱症與進食障礙症（Eating disorder）[1]。不滿意身體意象的人往往具有很強的自我意識，覺得自己的魅力低人一等，想改變容貌；反之，滿意身體意象的人，會尊重自己的身體，不受客觀的審美標準影響。

身體意象的構成要素 [1]（全書標記[]，為參考文獻的對照記號）

身體意象指對自己身體的主觀認知，而它又與內在觀點（感知、認知、情緒）之間存在必然的關聯性，從而延伸出與外型相關的行為。歸納而言，外貌自尊約等於身體意象＝對身體的感知＋認知＋行動。身體意象的四大要素如下：

- 感知要素（perceptual）：如何看待身體。**他人客觀認知的身體與自己了解**

的身型有落差。例如，某位厭食症病患身高一百七十公分，體重四十公斤，即使已經瘦成皮包骨，但他仍覺得自己很胖。

- 認知要素（cognitive）：對身體的看法。每個人都對自己的外表有自我認識或迷思。舉例而言：「要是我的鼻子再挺一點就好了」、「我希望我的肩膀能更寬一點」、「我希望我的大腿肉能少一點」等。
- 情緒要素（affective）：對身體的滿意度。有些人很滿意自身的容顏、身材或體型，有些人則反之。
- 行動要素（behavioural）：對外型產生的行動。不滿意身體意象的人，會想改變其不滿意的部位。比方說，有些人想透過吃單一食物來減重，或是想服用類固醇來增肌，抑或是考慮整型等。反之，滿意身體意象的人，會穿出屬於自己的穿衣風格，做適合自己的髮型，抱著愉快的心情進行適當強度的運動，並搭配健康的飲食。

1 又稱攝食障礙，屬於一種精神疾患，包括狂食症、厭食症、暴食症等。

02 外貌是人際關係的起點

不知從何時起，我們四周充斥著使外貌自尊低落的因素，像是每天在社群媒體上看見的「臉蛋天才」（指面容出眾的人）；變成日常對話主題的肥胖談話（Fat talk，指否定身材與自我貶低的對話）；大部分的公司要求求職者的履歷表附上照片。在日常中，我們不知不覺間因長相不吃香而受輕視，或是歧視某人的樣子。在高顏質為主流的環境下，身體意象、外貌自尊與生活品質的關係密不可分，若某人無法對自身的樣貌感到滿足，那麼那個人的自尊心就變得岌岌可危。

儘管如此，很少有人正確認知到外貌自尊的重要性，一般大眾攻擊他人時，依舊愛把身體特徵作為一種詆毀人的武器。我們經常能看見網友們留言攻擊藝人的容貌。現實中與網路上皆是如此，新聞媒體上也常見對外貌的刻板印象與人身攻擊。會產生這些現象，都是因為人們不知道外貌自尊的重要性所致。令人遺憾的是，身體意象與我們如影隨形，會影響我們的日常、人際關係與思考。

外型既是身體的表面，也是內心的表現，同時，它也是人際關係的起點。

高外貌自尊的人不易受他人的言語影響，也不會在意他人的眼光；看到社群媒體、新聞媒體上的俊男美女時，或在生活中遇見外表出眾的人時，不會感到自卑，且能保有高度自信心；放假回來，看見朋友割雙眼皮和隆鼻而變漂亮時，不會心生嫉妒，更不會跟風減肥。就算他人偶爾會干涉、攻擊自身的外觀，高外貌自尊的人也能自我安慰，並快速振作起來。

但是，外貌自尊低落的人則反之。他們在與他人比較時，會自覺低人一等、執著於自己不滿意的身體部位、充滿負面想法、害怕聽到他人對自己的評價、過度在意外觀，甚至是無法接受自己的真實面貌、排斥社交，最終力求改變。

如何經營好人際關係，是大家長久以來所關注的事，也許是因為過度重視與外界之間的關係，我們才會經常煩惱如何避免與家人、朋友或同事發生衝突。不過，有些人的矛盾出自於內部——抵觸的對象就是自己的身材。身體內部產生的衝突，其影響遠大於外部。不論我們與家人或戀人的關係有多親密，都抵不過與我們自身身軀的關係，人際關係固然重要，我們與周身的關係更為重要。

03

漂亮的人比較有自信？不一定

以下是大眾對外貌自尊常見的三種誤會：

一、外貌自尊取決於長相美醜？

相貌優越的人，自尊就一定高嗎？乍看之下可能是如此。大多數人皆認為，長得越好看，自尊心就越高。換言之，擁有出眾外表的人，便能享有「光環效應」（Halo effect）[2]所帶來的「外貌紅利」（Beauty premium）[3]。從概率上來看，被周遭人們稱讚的人，往往有著高外貌自尊，但無法就此以偏概全。從客觀角度而言，即使某人長得很好看，依然有可能是內心自卑的人。「身體畸形恐懼症」（Body Dysmorphic Disorder，簡稱BDD）[4]，此症的患者就是典型例子。

相反的，有些人就算不被周遭之人讚賞，依舊保有高外貌自尊，其祕訣不在於容貌而是內心。即使他們的樣子比別人差，但他們擁有堅不可摧的外貌自尊，**這些人的自信來自於自身對外型的滿意程度與自我尊重。**

外貌心理學認為，外貌自尊由四種因素所組成：社會文化（媒體、文化等）、人際關係（家人、朋友、其他人對於外貌的看法）、樣貌、心理特質（氣質、自尊等）。[2]

二、整型手術能提高外貌自尊嗎？

從理論上來看，只要改善容貌，外貌自尊自然也會隨之改善。長相滿意度可以透過個人心中的既定理想形象，以及自身對顏質的評價差異得出結果。整型手術既能消除自身內心的自卑感，也能減少對外觀的不滿。但是，有些人的外貌自尊，並未因整型而有所提升。

---

2 又稱暈輪效應、月暈效應。指根據對某人的第一印象推論出那個人的其他特質。
3 意指出類拔萃的外貌所帶來的好處，像是領到更高的薪水或得到更高的評價。
4 又稱體象障礙、身體臆形症。指病患過度關注自己的體象，並對自身體貌缺陷進行誇張的臆想。

由於外貌自尊同時受外貌與自尊兩者的影響，因此可以推斷這些人的外貌自尊問題並非出自於外部，而是他處。

三、如果不改變外表，就無法改善外貌自尊嗎？

人們也會產生疑問：「在不改變長相的前提下，能提高外貌自尊嗎？」換言之，「倘若臉蛋沒變，可以改善身體意象嗎？」答案是肯定的。因為外貌自尊受到容顏以外的諸多因素影響所致，實際研究結果顯示，人們能在不改變面容的情況下，提升身體意象與樣貌滿意度。[3]

身體意象反映的不是「鏡中的自己」，而是我們看待自己的觀點。**外貌自尊取決於自身如何看待自己，因此只要改變看自己的方式，外貌自尊便會產生有意義的變化。**

04 別人說我胖，但我自認又瘦又美

電影《姐就是美》（*I Feel Pretty*）的主角芮妮（Renee Barret），是一名對自己的豐滿身材感到不滿的年輕女性。某一天，自卑的芮妮在運動時頭部受了傷，從此之後，她堅信自己既漂亮又苗條，自信感爆表。

在他人眼中，她仍舊是「胖芮妮」，但她爽朗的性格與霸氣的行徑，彰顯出她因覺得自己漂亮而充滿自信的舉動。芮妮的樣貌並沒有產生變動，但她急遽攀升的外貌自尊吸引了人們，這正是對於外型的主觀認知改變所造成的有意義的變化。

藉由上述案例我們可以得知，身體意象就像情緒一樣，屬於主觀認定事實。當事人的認知與感受，會影響到外貌自尊，也就是說，身體內部的改變必然會造成外部的變化。

舉例來說，芮妮的頭受傷之後，她所認知的模樣和過去產生了明顯的變化，

倘若能測量她前後的自信心變化，必定會出現戲劇化的轉變。

問卷調查是測量外貌自尊最具代表性的方式。就像檢測憂鬱症的一樣，我們可以透過檢查身體意象，檢測出外貌自尊的高低。即興畫自畫像也是檢驗的方式之一，不過這種方式的準確度較低，當事人畫出肖像畫後，再與周遭給予的反饋比較，便能大致推測出其外貌自尊的高低。

人們以為「腦海中的我」，與「現實中的我」相同，但其實人們繪製出的自畫像與實際客觀外貌相距甚遠。二〇一三年，知名品牌多芬（Dove）的「全球真美大賽」（Real Beauty Sketches）實驗，就能證明這一點。[4]

該實驗主要由一名畫家同時為同一個人畫兩張肖像畫，其中一張畫的是畫家聽實驗者所描述的自我形象而畫的畫；另一張畫則是畫家聽第三者的描述後所畫的畫。結果令人出乎意料，第三者眼中所見的實驗者的樣子，比實驗者心中所想的自我形象還更加有魅力，**即客觀印象比主觀外表更加出色。**

主觀、客觀外型之間的差異，對外貌自尊產生巨大影響，外貌自尊越低的人，越會否定自己的模樣。舉例來說，厭食症病患覺得自己很胖，但其實並沒想像中的那麼胖；身體畸形恐懼症病患同樣也會放大檢視自身皮膚的小缺陷。[5]

此外，外貌自尊會受到主觀評價的影響，因此，客觀長相出眾的人，也有可能會覺得自己見不得人。**如果有人不滿意自己的樣子，但周圍的人都覺得他沒有想像中的難看，那麼他的問題很可能不是相貌，而是外貌自尊。**

外貌自尊低落並非是單一個案，從多芬的實驗中就能看出，多數人過於貶低自身，這也涉及個人過於嚴苛的審美標準問題。就像電影《姐就是美》中的芮妮一樣，雖然過度自信也會產生問題，但保有一定程度的自信是必要的。

【看臉時代】

畫一張自己的肖像畫吧！

一般來說，我們拍照的頻率遠高於畫自畫像，說不定你最後一次畫自己，已經是小時候的事了。如果是這樣的話，請像多芬的實驗一樣，畫一張自己的肖像畫吧。你可以根據鏡子或照片中的自己畫，也可以畫出腦海中的自己。

缺乏自信的人不喜歡畫自畫像，有時候光是拿起畫筆就會感到不舒服，不過，**從多芬的實驗中能看出，我們實際的模樣會比自己想像得更加出眾。**無論畫出什麼樣的自己，客觀的我都會比主觀的我更好看。

05 如果不醫美，我該怎麼變美？

長得「好看」能帶來諸多好處，雖說外貌紅利大多發生在個人生活中，但也經常出現在職場、社會上，影響到其他人的權益，因此，人們反對外貌至上主義。

人們之所以反對的另一個原因是，長相受先天基因的影響大，靠後天努力很難克服先天因素。因為容貌不可控，會迫使人們處於不利之地或受到歧視，進而造成人們的挫折感、無力感與不滿足感。

雖然無法斷言後天努力改變不了天生容顏，不過，隨著整型醫學的快速進步，如今已經能改變一定程度的相貌，像是脣顎裂（Cleft lip and palate）等的先天性疾病，都有機會改善；新藥的出現，也提高了過去疑難雜症（掉髮、乾癬、過敏等）的治癒率。

另外，移植醫學的快速發展，也讓先天臉部畸形的病患能動臉部移植手術。

在過去，人們過了青春期後就會停止發育，而當今進步的整型醫學能改變成年人的身高，更不消說割雙眼皮、打肉毒桿菌等微整型醫學的普及率。

當今的醫學技術讓人們能「從頭整到腳」，是能改變一定程度外觀的「看臉時代」。

改善外貌自尊的方法有兩種，其一是改變外型，另一是進行外貌自尊恢復訓練。就理論而言，倘若改造後的面容，近乎當事人心中的理想顏質，就能改善對外貌的不滿足感。

如果醫美手術能徹底解決容貌焦慮，又能保證人身安全，或許這即是改善外貌自尊的正確解方。雖然現代醫學技術較過去有了更飛躍性的進步，但仍有許多外貌自卑（對模樣不滿意等）的情況是醫學無法解決的，且進行手術時，可能會出現未知的狀況、手術風險大、缺陷部位改善程度不大等問題。

反之，外貌自尊恢復訓練的優點是安全性高，能在不改變外貌的情況下，改變當事人看待外表的觀點，且人人都能嘗試，但缺點則是耗時，短期之內難以立竿見影。

在本章的最後我想說，我並不反對整型，有時改造外表是改善外貌自尊的上上策，特別是在臉部有畸形的情況下，整型是最實際的對策。

不過，我同時也不贊成整型。我會這樣想是因為我曾接觸過不少衝動整型，或是沒有充分認知到手術的危險性而悔不當初的案例。至於這兩條路該怎麼抉擇，全憑當事人本身，望能三思而後行。

第 2 章

改變不了第一印象，就扭轉最終印象

有許多西方國家利用功能性核磁共振造影（Functional Magnetic Resonance Imaging，簡稱ｆＭＲＩ），觀察當人們看見美麗的臉龐或藝術品時，大腦的哪個部位將活躍起來。

其中，神經美學——研究人類的審美行為與心理原理的自然科學領域，備受學術界關注。而我之所以關注神經美學等大腦認知科學研究，是因為我認為靠科學方式拓寬人們對外貌的理解範圍，能獲得恢復外貌自尊的線索。

與一般人們的認知不同，顏質並非是決定魅力多寡的必要條件。換言之，**大腦在評價外貌吸引力（physical attractiveness）時，除了根據相貌本身之外，還會考慮到其他因素。因此，即使是對同一個人，其好感度也會隨著時間而產生變化。**

假如我們能掌握外貌吸引力的其他因素，並適當運用，那麼即使不改變模樣，照樣能提升個人氣質。

在第二章中，我將介紹六個主題，以便拓寬各位對外表的理解範圍，幫助各位擺脫狹隘的錯誤觀點。

01 大腦天生會被好看的人吸引

大家都喜歡俊男美女，當看見電視劇或電影中帥氣、漂亮的主角時，就會忍不住一直盯著他們的臉。為什麼我們會被好看的人吸引呢？其答案眾說紛紜。其中，多數人們給的答案是，「人類本性如此」、「從進化心理學的觀點來看，好看的長相利於適應與生存」。這種下意識的回答雖說合乎邏輯，但無法充分消除人們心中的疑惑。為了解決疑問，我們必須先確認當人們看見好看的臉蛋時，大腦會產生哪些變化。

在此之前，我們必須先來思考所謂「美」的定義。儘管每項研究的標準不一，但「美」一般是指從藝術品或人的外貌等審美客體（aesthetic object）中，獲得的正向美感經驗（pleasurable aesthetic experience）。[1]

根據上述定義，首先，負面的美感經驗不是「美」，還有看見「不美」的審美客體（如一般事物）所產生的感知也不是「美」。再者，由一般食物、性行為或道德行為所引起的普遍愉悅（general pleasure）更不是「美」。

根據神經美學研究的基本標準，在滿足前述對於美的定義的情況下，專家利用功能性核磁共振造影檢查，發現人腦看見好看的人事物時，某些部分會變得活躍，進而得出美與大腦之間具高度關聯性的推論。

從腦科學層面來看，當男性見到美麗女性的臉龐時，大腦中像是眶額皮質（orbitofrontal cortex）與伏隔核（nucleus accumbens）的犒賞系統（reward）就會有所反應。[2]吃到好吃的美食或玩遊戲時，大腦會變得活躍，這與瞧見好看的臉蛋時相同，從生物學的角度來看，人類會被出眾的容顏吸引。

根據某項研究結果顯示，未曾經歷社會化的新生兒，都愛長時間盯著漂亮的白人女性看，[3]**我們不得不承認，被長相逆天的人吸引，是受本性影響所致。**

有些人看到「人類天生喜歡好看的人事物」的研究結果可能會大受打擊，相信也會有人反問：「既然外貌協會是與生俱來的，那麼整型難道不是最合理的選擇嗎？」但是，現在下定論還太早。因為促使大腦活躍的不止顏質，還有其他不同的因素。

02

「貌」不揚，可以靠時間改變

當我們看到好看的人時，大腦中的犒賞系統會被活化，相反的，當我們看到醜陋的外貌時，又有哪些大腦區塊會變得活躍呢？醜陋的外貌會活化杏仁核（amygdala）與島葉（Insula）等，這些掌管負面情緒及厭惡感（disgust）的大腦相關區塊。[4]

厭惡感能讓我們敏銳的察覺陌生或危險，以便及時遠離之。大腦中所產生的厭惡反應，讓我們把顏質低的人視為怪物。舉例來說，過去韓國政府考慮到漢生病（Hansen's Disease，又稱作痲瘋病）的傳染性，將罹患漢生病的病患送往小鹿島[5]，但更主要的原因是，漢生病所導致的樣貌變化，以及人們對他們的憎惡。

5　位於南韓全羅南道高興郡的一座小島。

《三國志》中，劉備（西元一六一年～西元二二三年）怠慢龐統（西元一七九年～西元二一四年）一事，也與長相脫不了關係。龐統是少數被記錄為「其貌不揚」的歷史人物。劉備第一次見到龐統的醜陋容貌時，便心生排斥，劉備對龐統的冷淡，與初次見到相貌英俊的諸葛亮（西元一八一年～西元二三四年）的熱情表現，可謂是天壤之別。

你的表現，會推翻第一印象

我聽到「漢生病」一詞，最先想到兩件事，一是漢生病的傳染率極低；二是漢生病的病因是源於漢生氏桿菌。有趣的是，我是上了醫學系的課後，才得知漢生氏桿菌。不過，在進入醫學系之前，我就已經從韓國小說《你們的天國》中知曉漢生病不會人傳人。

近來，人們對漢生病的反應已然與過去不同，還會特意造訪小鹿島，這是相當奇特的現象。明明是外貌至上主義者，卻去造訪收容過面容難看之人的地方，這種情況與大腦的厭惡反應產生悖論。造成這種矛盾的原因眾多，根據國外研究顯示，資訊的影響甚鉅。[5] 從腦科學層面來看，人們對漢生病的反應之所以會出現前後變化，是因為獲得了漢生病的知識，進而降低了大腦中的厭惡反應。

在《三國志》中，劉備的好兄弟張飛，在見證了龐統的真正價值後，向劉備舉薦他。劉備這才後悔自己怠慢龐統，隨即重用他，對他的禮遇不亞於諸葛亮，雙方的關係也因此變得更加親近。

人們都喜歡長得好看的人，排斥不堪入目的長相，說到底是因為**人的大腦無法在初次見面時，掌握外表之外的資訊**。這就好比龐統的才能堪比諸葛亮，卻被劉備冷落，也是因為劉備的大腦處於僅能掌握到外貌資訊的人際關係初期。

大腦是學習的中樞，**隨著人際關係發展成熟，大腦會逐步收集外觀之外的資訊，對醜陋臉蛋的排斥感也會產生改變**，並去除「醜陋的相貌＝差勁的能力」、「畸形的模樣＝危險分子」的偏見。

就像龐統一樣，越是其貌不揚的人越要記住，在第一次見面時，不論對方做出什麼反應，都要提前作好心理準備，並記住對方不會永遠是這種反應。

03 世界公認美的標準第一關：膚質

韓劇《我的ＩＤ是江南美人》的主角姜美來，因為長得不好看而飽受同學們的欺凌，甚至被取了難聽的綽號——「姜浩克」。龐大的心理自卑使美來想尋死，後來她透過整型與減重改變儀容，升上大學後，經常被人稱讚長得很「漂亮」。

不過，從美來的表情、語氣和行動，就能推測出她依然是缺乏自信的人。另一個能展現美來重視外表的場面就是，她有替他人模樣評分的習慣。

美來不知從何時起，養成了替他人的外貌打分數的習慣。她從小被排擠，比誰都更在意臉蛋評價，在不知不覺間，內化了周遭對她說過的各種評論。

不過，在劇中，美來對他人的顏質評價是客觀的，但嚴格來說，美來評議他人容貌是她個人給的分數，不能視為是大眾給的分數。然而，我們也不能斷定個人的評判就全然不公正。

各位應該都有過類似的經驗，一般大眾對美醜的認知大致相同，過去曾有某項研究指出，其一致度高達九〇％。[6]

發生在我們周遭的長相評價

外貌至上主義會把人的外貌分等級。「女神」或「正爆」一詞，指的是群體中最美麗的人；「男神」或「帥翻」一詞，則是用來形容最帥氣的人。

當人們提到男神或女神時，腦海中馬上浮現的人可能是自己，也可能是所有人心中公認的帥哥美女。外貌分級制受到社會文化認知下的「美」的基準浸染，大部分的人在成長過程中，會將這樣的審美觀內化。

醫美整型也受到現代社會對「美」的標準影響。反之亦然，當你看到一個你覺得長得不好看的人時，其他人很有可能也覺得那個人長相不出眾。迄今為止，人們還是時常比較他人的長相，長得不好看的人，在求學時期很可能會得到負面的評判。

以一般社會大眾為對象所進行的活動中，也不乏有評論相貌的活動，其代表性活動正是韓國小姐選美大賽。韓國小姐選美大賽即「外貌比賽」，就像花式溜冰與體操比賽一樣，由多名評審針對參賽者的容貌進行評分。不過，其比賽結果偶爾會引發爭議。

從外貌心理學的角度來看，這一點非常有趣。每當結果公布時，就會有很多網友跳出來反對說：「其他參賽佳麗的臉蛋比得獎佳麗更美。」我前面才提及，大眾對人的相貌評價具有相當高的一致性，但為什麼會有這種情形發生呢？

大眾對選美結果產生爭議的主因有二。首先，雖然人們對美的認知會受到社會文化的影響，但這之中仍然存在著個別差異。其次，因為參賽佳麗本就有萬裡挑一的美貌，當容顏難分軒輊時，每個人對美的認知差異就會產生分歧，從而引發爭議。

然而，在約會應用程式中卻出現了相反的情形。大部分的約會應用程式，要求新使用者在加入時要上傳大頭照，而其他使用者可以針對他人的臉孔進行評比，評分範圍從零分到五分，且當事人將會得知這個分數。

這與選美比賽不同，這是應用程式經營者利用使用者，間接將人們的外貌等級化，由於應用程式的使用者是不特定的多數人，因此外貌評分結果會有較高的一致性。

也因為大眾對評判外表的結果較一致，有些人因而提出疑問：「外表也能像身高體重一樣被客觀量化嗎？」

到目前為止，尚未開發出一種令所有人都信服的長相評論技術，但腦科學技術（Brain Science Technology）的發展一日千里，說不定哪一天我們真的能透過人工智慧，以最客觀的方式評價外觀。

擁有出眾外貌的條件

有研究指出，人們看見面容姣好的人時，多數人的大腦都會出現犒賞反應。那麼什麼樣的顏質會被大腦認為是有魅力的？又有哪些身體特性會被認為是有吸引力的？

雖然目前尚無定論，但在某些事上，已經印證了所謂「出眾外型」的條件。

儘管大眾對外貌評價的結果具有高度的一致性，但也並非百分之百完全一致。**審美標準會隨著時代而有所不同，即使是同一時代，公認的魅力特性（比如**

男性的寬肩、高䠷的身高，或女性的豐滿胸部與翹臀）也不代表所有人都會因此認同。

不過，有些外貌特性是全世界公認的美麗標準。

性別心理學家芮妮・恩格恩（Renee Engeln）所提出的「公認審美基準」有：清澈的雙眸、身體的對稱性、柔順的髮絲，與像嬰兒一樣柔嫩的皮膚。[7]其中，有彈性、白皙、光滑的肌膚是最具代表性的美麗要件之一。**全世界的人也都認為，完美無暇的皮膚是理想外觀的條件之一。**

從這點可以看出，被列為「外表心願清單」第一名的「膚質」，與皮膚病病患的外貌自尊低落，兩者關係互為表裡。

04 除了顏質，這些特質讓你更美

大眾對長相評價有著高度的一致性，這可能會觸怒那些長得不好看的人。不過，**大腦在評判個人魅力時，看的不只有顏質，還有其他會影響到吸引力的四大變數**。

第一個變數是人的記憶或經驗。即使某個人的外型有所改變，但我們對其的記憶或經驗，會左右對方在我們眼中的魅力指數。我在大一寒假時，親身感受過這件事。

當時，我在打工的餐廳裡見到某位漂亮的女性，到現在我都記得她迷人的樣子——深邃的雙眼皮和細長的眼型，波浪型長捲髮紮成一股馬尾，並身穿米色大衣。三週過後，我對她充滿風采的第一印象卻產生了一百八十度的轉變。

她想盡各種藉口推卸工作責任，欲享受特別待遇，我和同事都很不高興。有趣的是，她依舊擁有「漂亮」這個資本，我很難跟人解釋「她有外在美卻沒有內在美」。短短不到一個月的時間，我那負責評估美醜的大腦便有了極大的改變。

神經美學的研究表明，記憶與經驗會影響我們如何看待對方的模樣。簡言之，如果我們對顏質出眾的人有了不好的回憶，會同時觸發大腦的多個區域，抵消掉原先長得好看所帶來的犒賞反應。受到腦科學機制的影響，人們由美好的第一印象轉變為最終的負面印象。

從客觀的角度而言，我們難以否認外貌紅利的好處。即使出色的外型讓第一印象加分，但倘若對方不具備外貌自尊及內在美，魅力分數很快就會被倒扣光。

第二個變數是氣味。《我的ＩＤ是江南美人》的主角姜美來，在看完〈香水是看不見的時尚〉的專欄文章後，夢想成為調香師。該篇有關香水的文章，安撫她在學生時期受創的外貌自尊。

英國某研究團隊在讓女性們觀看幾位男性的臉部照片時，會配上不同的味道。之後，女性們透過嗅覺測量器（olfactometer），評價那些男性們的魅力指數。研究結果顯示，即使是同一名男性，若照片上散發出難聞的味道的話，該名男性的氣質指數也會隨之下降。

照片上的難聞氣味，會刺激女性大腦中掌管負面情緒的扁桃腺和前腦島皮質（Anterior insular cortex）。[8]總言之，同一張臉，不同的氣味，所帶來的魅力指數也會有些許差異。

反之，若能去除身上難聞的體味，就算不改變外表，也能提高個人的韻味。但我並不是要大家去買昂貴的香水來改善自己的氣味，因為不散發出難聞的體臭才是更重要的。

第三個變數是內在特質。許多內在特質會影響到個人魅力，像是幽默感、自信、勇氣等。[9]很多人認為：「要是我能長得好看一點，要是我改變外貌……。」但**魅力的多寡不是出自於外在，而是來自於內在**。雖然內在變化與外表魅力看似互不相干，但內在是大腦評價外貌魅力時的重要依據之一。

第四個變數是人種。韓國屬於單一民族國家，很難切身感受到人種的變化，不過，人種確實會影響到外貌魅力。其中最具代表性的是，黑人男性比白人男性更喜歡黑人女性。此外，黑人比白人更容易被高個子吸引，據推測，這是因為不同文化的吸引力評斷標準不同所致。

05

比起單一部位，五官協調更重要

外貌泛指人的「整體外觀」，但人們習慣用外貌一詞代表一個人的臉部長相，藉以凸顯出臉部的重要性。

每個人都很寶貝自己的臉蛋，即使不注重個人面容好看與否的人，早上也都會洗臉、擦化妝水和乳液，進行最基礎的保養步驟。這是因為臉有別於其他身體部位，具有社交功能、識別的作用。

舉例來說，美國演員布萊德．彼特（William Bradley Pitt）患有臉盲症（Prosopagnosia），他必須藉由服裝、聲音或氣味等其他感官特徵來區分人，但這樣辨識人的方法其實並不容易，且準確度偏低。

臉和其他身體部位不同，它具有獨特性。天底下有無數和我有相同身高、膚色、腰圍的人，卻不會有和我長得一模一樣的人。

偶爾也會發生當事人無法適應整型手術後的臉部情況，這是因為當事人幾十年來已看慣了自己的臉，就算整型後臉蛋變得好看，卻也會因一夜之間的面部遽變，導致心理上的無所適從。

舉例而言，在《我的ＩＤ是江南美人》中，主角姜美來的父親無法接受女兒瞞著自己偷偷跑去整型，這是因為美來的爸爸認為，雖然美來整出了理想的樣子，卻失去了身分認同（self-identity）與個性（Personality）。

「醫學上的雙胞胎」是暗諷整型的人因愛美而放棄自我個性的詞彙，這與上一代的保守觀念互有牴觸。

感到自卑的部位，可能是他人羨慕的優點

通常對自身外表不滿意的地方，對其他人來說也是缺點，例如，青春痘總會被歸納為瑕疵。然而，「外貌自卑＝缺點」的等式並不會永遠成立。

某些人感到氣餒的部位，對某些人來說有可能是令人羨慕的優點；反之，某些人覺得是優勢的部位，對某些人來說卻有可能是劣勢。決定個人魅力指數的方式，

並不僅僅是各部位之總和，這其中存在著變數，**即部位與部位之間的協調性。**

比方說，把A藝人的眼睛、B藝人的鼻子、C藝人的額頭拼湊在一起的話，並不會讓相貌錦上添花。有些整型的人沒考慮到的是，將每個部位分開看時，似乎都很有魅力，但將其湊在一起時卻很彆扭。

若將原先自愧不如的鼻子墊高，改變了物理性上相對的臉部位置，影響的卻是整體的協調性。雖然鼻子變美了，卻產生反效果，而為了改善，又得再多做手術。

相反的，某些會令人自慚形穢的特性，對某些人來說，是提升臉部整體協調性的關鍵。例如，凸嘴通常會讓人感到羞愧，但這卻也是某些人的魅力所在。凸嘴的人透過整型手術改善突出部位，反而會破壞整體的外觀與印象，更重要的是會削弱個人魅力。

臉上的痣也同理可證。很多人想點痣，但有人卻希望特定部位有痣。像這樣，多數人認為會造成自卑的外貌特性，根據個人整體臉部的協調性，也有可能轉變為優點。

簡言之，我們認為是不順眼的部位，實則可能是為了顧及整體魅力，而選擇自我犧牲也說不定，**個人魅力是把外貌自卑轉化成外貌自尊的重要關鍵。**

最常被抱怨的臉部特徵

「醜」是描述外貌的負面形容詞，但並不能將其定義為任一特定模樣，因為臉是極度複雜的幾何學構造，五官形象組合也相當多樣化。是人一定都會有不滿意的臉部部位，下頁表2-1是常見的自卑外貌特性。

外貌自卑有可能發生在身體各個部位，尤其是臉，如前述所言，有人因臉不具魅力而缺乏自信、有人因臉部的微小問題而自愧不如，例如：臉上的痣、傷口或青春痘等。

人們對臉的在意程度各有不同，即使是同一臉部部位，自卑與否以及自卑程度，皆取決於這些小問題和其他臉部構造的協調性。從外貌心理學的角度來看，臉是獨一無二的部位。

▶ 表2-1　常見的相貌自卑特徵

部位	自卑的特徵
眼睛	凶狠銳利的眼睛、小眼睛、單眼皮、眼瞼下垂等。
鼻子	塌鼻、鷹勾鼻等。
牙齒	咬合不正、牙齒受損等。
額頭	寬額、窄額、扁額等。
顴骨	顴骨突出等。
下巴	方形下巴、短下巴、凸嘴等。
皮膚	青春痘、皺紋、黑痣、疤痕、雀斑、疣等。
整體輪廓	不對稱、不協調等。
頭髮	掉髮、白頭髮等。

【看臉時代】

選擇性注意，讓人更沒自信

外貌自卑者很容易發生選擇性注意（Selective retention）的情況，如果某個人臉上長了痘痘，也請不要一直盯著他的臉；即使他其他的身體部位沒有異常，他依舊會感到自卑，畢竟臉是外表的中心。

大部分的人都看臉認人，很難辨識臉部以外的其他地方，但心理自卑會發生在身體各個部位，例如：有人因腹部贅肉而心煩、有人因腳氣而不敢脫襪、有人因背部長痘痘而困擾。

如果陷入選擇性注意的狀況，那就必須學會轉移注意力。切記，外貌自卑會發生在身體各個部位，而頭部（head part）只不過占身體表面的九％。

同理，如果對某特定部位（如腹部贅肉、法令紋、塌鼻、掉髮等）感到自卑，便會專注在那個部位上，且容易變得敏感。這時，要試著分散注意力。

06 多見幾次，日久會順眼

有些人會教訓那些飽受外貌壓力之苦的人，並說著內在美更為重要的虛言，不過這種話無法被人苟同，因為現實中多的是只看重外觀的情況。「內在美比外在美重要」，一方面暗示人的本性易受到外型的影響，一方面也暗示著我們活在一個重視外表的世界。

長相之所以重要的原因之一是初始效應（Primacy effect）。初始效應是一種心理現象，意指最先得到的資訊更能影響整體印象。

然而，我們都知道，**對某人的第一印象不一定等於最終印象**，有些人給人留下很好的第一印象，但最終印象卻不怎麼好，也有些人的第一印象雖不怎麼好，卻給人留下很好的最終印象。

「attractive」與「beautiful」都是用來形容個人形象的英文詞彙，前者的意思是「有魅力的」，後者的意思則是「美麗的」，兩者不盡相同。在外貌心理學中，「attractive」僅形容外在美；「beautiful」則包括外在美與內在美，是一種「美」的概念。[10]

有些人雖然魅力爆棚，卻不上相；反之，有些人美麗無邊卻不具吸引力。前者給人的第一印象很好，但最終印象卻不及第一印象；也有些人的第一印象雖不具魅力，但隨著更深入的了解，最終印象逐漸變得美麗。我過去在當實習醫生時，曾親身感受過這一點。

長得不好看卻美麗動人

某年三月，正逢我當上實習醫生不到一個月之際，當時的我還沒完全熟悉工作流程，雀躍之餘伴隨著不安。隨著天氣變暖，工作也逐漸上手，但累積的疲勞讓身體變得沉重，接著，來到落葉飄零的秋天與天降大雪的深冬，我開始產生了職業倦怠。

雖然我成天處於一片白色的環境中，卻感覺自己的心變得不純潔，不過才當了一年的菜鳥實習醫師，心態竟然變得如此散漫。當時，每個實習醫師都穿梭在各個科室實習，接受前輩們的評鑑。

有名實習醫師在實習評鑑中獲得了高分，因為該名醫生在身心備受煎熬的情況下，依然能保持開朗的心情和大家打招呼，早到晚退、視病猶親，且優先照顧同事。

有一次，她說：「我長得不漂亮。」但我現在回想起來，仍然覺得她的外貌自尊與內在能量比任何人都來得強大。她將她的親和力、關懷之心與誠懇等，明確的傳遞給身邊的人，促使她成為最佳同事。

隨著時間流逝，當我追憶往事時，腦海中最先浮現的是她的「美」。

當我們第一次見到某個人時，大多有著一致的相貌評價，同時，人的大腦被設計成像暴露在空氣中的蘋果一樣，會逐漸氧化變色。

大腦在觀察人的模樣時，除了受到對方外表的影響，也會隨著其他資訊的增加而產生變化，這會導致第一印象與最終印象有所落差。出眾的臉孔雖然給人帶來強烈的印象，**但外貌自尊與內在美造就的美麗，往往需要時間才得以被看見，**而它同時也是永恆不朽的。

實際上，同一個人在魅力（attractiveness）與美麗（beauty）的排名中，不可能完全一致，最好的例子是，有些藝人富有吸引力卻不受觀眾喜愛。因為大腦除了能認知漂亮之外，也具有整合其他資訊的能力。

雖然說每個人對理想容貌的標準各有差異，但我個人覺得也許這就是我們不能全盤否認某位思想家的名言——「美麗與否，在於觀者」（Beauty is in the eye of the beholder）的原因。

【看臉時代】

心理學上的單純曝光效應

1. 多見幾次，日久生情

艾菲爾鐵塔在落成初期，因與周遭建築物格格不入，被當成醜陋的象徵。而心理學上的「單純曝光效應」（Mere-exposure effect），又稱「熟悉效應」（Familiarity principle），解釋為何過去被抨擊毫無美感可言的艾菲爾鐵塔，能搖身一變成為法國巴黎的代表性地標。

「艾菲爾鐵塔」，顧名思義，是一座高聳醒目的建築，人們每天都會看見它，看久了便產生了感情，對它的排斥感也隨之降低。單純曝光效應同樣適用於外貌。[11]

大腦原本就是為了適應各種刺激而生成的器官，因此，若長時間與長得不好看的人、外表畸形的人相處的話，腦部就會因熟悉而連帶產生好感。

2. 擁有正能量

然而，透過熟悉效應挽回第一印象的前提是，具備高外貌自尊與健康的正能量。擁有正向身體意象之人的眼神、表情、語言與肢體動作，會在無形中傳達出內在的健康。

縱使與他人初次見面時雖不具吸引力，但隨著時間推移，也將展現出屬於自己的真正價值。

3. 試著填寫專屬自己的評分表格（參考下表2-2）

請你回想一下，目前為止遇到過哪些具有所謂「內在美」的人，在表格中寫下對方的名字，並思考你會這麼想的原因。

▶ 表2-2　扭轉印象的內在美評分表

外貌不出眾卻很「美」的人	對那個人的第一印象（0～10分）	對那個人的最終印象（0～10分）	理由（親和力、誠實、自信、對他人的關懷、毅力、坦率等）
金敏智	3	8	對他人關懷備至、親切、和藹。
朴永柱	2	6	細心、耐性。

第3章

我長得好不好看，由誰說了算？

正如第一章提及，外貌自尊由四種要素（社會文化、人際關係、樣貌、心理特質）所組成。本章將介紹八種影響上述四種要素的變數（疾病、性別、社群媒體、脆弱期、外貌對話、心理易感性、刻板印象、外貌分級制）。變數的種類與其影響力因人而異，有可控的，也有不可控的。舉例而言，社會文化變數就像社群媒體一樣，會廣泛的影響大眾，大部分的變數都是可控的，但像過敏或乾癬等疾病，只會出現在部分或極少數人的身上，且有時是無法根治的。

大多數外貌自尊低落的人，會受到這八種情況中的某些變因影響。若能了解這些變數，有助於恢復外貌自信心。

01 疾病，是威脅長相的大敵

身體意象大多時候就像平靜的湖泊與幽靜的森林，只有雨滴會打破湖面與林間的平靜。人也一樣，外貌必然會隨年齡增長而改變，但在腦海中描繪的自我形象卻不會有太大的改變。

不過，也有因歲月流逝而導致外貌自尊急遽下降的情況，最具代表性的就是生病。某些疾病如丟入湖心的石頭一樣，會擾亂湖面。我們通常會認為，疾病只會影響到身體健康，但某些疾病不僅會影響到人的壽命與健康，同時會減損美麗，並給相貌帶來負面影響。

例如，皮膚病是影響容貌的疾病（當然也有不少皮膚病伴隨著發癢情況，並影響健康）。樣貌是身體的外觀，所有的皮膚病、掉髮、青春痘等，都發生在身體表面，當我們遇到這種突發變數時，顏質與外貌自尊就會像骨牌般接連倒下。

許多研究團隊研究過皮膚病患者的心理壓力，[1]某研究表示，有三〇％到六〇％的皮膚病患者有重大心理創傷。這種結果與身體意象密切相關。皮膚病的起名大部分源自於汙名（stigma），例如乾癬、白斑症（Vitiligo）、過敏性皮膚炎等。

皮膚病患者之所以背負汙名，多半是來自皮膚病會傳染、不注重衛生等大眾的刻板印象。當事人除了要適應自己的樣子改變之外，還要承受汙名造成的歧視、誤會，以及人際關係的困境，上述種種增添了皮膚病患者的絕望感。

禍不單行的是，部分皮膚病是慢性的，如果在接受正統醫療的醫治後，沒有顯著的治療效果或是反覆發作的話，病患就會感到焦慮不安，轉而求助於民俗療法等缺乏醫學根據的偏方。

皮膚病與民間療法的關係從古代延續至今，舉掉髮的例子來說，古希臘哲學家亞里士多德（Aristotle，西元前三八四年～西元前三二二年）用山羊尿治療，西方醫學之父希波克拉底（Hippocrates，西元前四六〇年～西元前三七〇年）則是塗抹鴿子的排泄物。

另外，關於「什麼食物和藥能改善皮膚病」的紀錄不勝枚舉。這些人都是想求心安，想著：「如果塗上好的藥，能就改善皮膚病。」

時至今日，人們仍然會塗艾草水治療過敏性皮膚炎、喝赤首烏[6]水治療掉髮。就像有人認為「現在連癌症都能治好，難道治不了皮膚病」一樣，這與人們對皮膚病缺乏正確理解有很大的關係。

當事人與家屬抱著死馬當活馬醫的心情，求助民間療法，但病情非但毫無起色，甚至有可能加速惡化。

若想杜絕誇大不實的偏方，就必須有一定的健康知識水準。病患一方面能學會獲得正確資訊的方法，另一方面能消除不確定性，從長遠來看，是恢復外貌與外貌自尊的首要之務。

6 何守烏的一種，又稱為雄首烏，屬蓼科植物，具有藥用及食用價值。臨床藥用可補腎、養精血、治鬚髮早白、便祕等。

【看臉時代】

自卑，很多時候是未知造成的

我讀醫學系時，一有空就去圖書館，考試期間去K書中心準備考試，也曾因擔心自身相貌，成天窩在那裡查找有關掉髮的書籍與論文。

起初我只看了病態生理學（Pathophysiology）、掉髮過程與治療方式等資訊，在我畢業之際，恰巧聽聞有關治療掉髮的新藥問世，也看了最新的相關論文。當時我並不覺得自己獲取了醫學新知，只是內心感到踏實，無形之中對恢復我的外貌自尊有了些許貢獻。

「教育」（education）是心理療法之一，醫師向病患教育與疾病相關的知識，使病患能擺脫茫然帶來的恐懼與不安。同理，倘若疾病引起的容貌變化，是造成某人外貌自尊低落的原因，那麼充分了解該疾病將有助於恢復自信。

威脅長相的疾病通常是慢性病，若病患對自己的病症有基本概念，便能更全面的治療疾病，有助於長期抗戰。

02 女性身體，總被當成物化對象

通常女性對容貌的壓力高於男性，且嚴格來說，異性戀女性比異性戀男性更容易否定自身外表，這是因為性取向（sexual orientation，基本分為異性戀、同性戀、雙性戀三類，而無性戀有時則被視為第四類別）也是影響外貌滿意度的因素。[2]

另外，雖然本章中不涉及這一部分，但性別認同（gender identity）也是影響身體意象的重要因素之一。

外表不是評定性別、性取向的一切

異性戀女性經常陷入對自我形象的「常態性不滿」（normative discontent）[3]，

特別是年輕的單身女性，容易挑剔自己的身材，這是因為她們在戀愛與就業等方面，受樣貌的影響極大。此外，異性戀女性嚴格要求自身外型，從韓國掀起的「結實運動」（fitspration：fit＋spiration）[7]風潮，就能看出異性戀女性對外貌的不滿早已跳脫年齡、職業與教育水準。

過去「苗條運動」（thinspiration：thin＋spiration）熱潮就曾鼓吹女性：「身型要纖細如芭比娃娃，因為那才是最美的。」但現在「健康美」當道，不分男女，人人都想練出一身結實的肌肉。然而，在「結實運動」的風潮中，女性面對了更加嚴苛的體格標準，即「有一定程度的肌肉很好，但不能健身過度」的雙重壓力。

客體化理論（Objectification theory）說明了異性戀女性具有脆弱的外貌自尊的原因。從社會文化層面來說，女性的身體常被當成消費對象，因此女性容易因為身材而感到羞恥或執著於臉蛋美醜。

另外，女性不斷接收到「女性價值取決於顏質」等資訊，因而對女性造成了負面影響。舉例來說，男孩從小就被教育：「多讀十分鐘的書，知識能改變你未來的職業」；女性則被教育：「多讀十分鐘的書，氣質能改變你未來的『長相』」。

身為異性戀女性，正是造成厭惡外表的危險因素。

同性戀女性的性伴侶是女性，有研究報告表明，**同性戀女性的外貌壓力低於異性戀女性**，特別是體重的部分。反之，也有研究指出，同性戀女性背負著少數族群的社會汙名。

更有某些研究點出，同性戀女性對身材的滿意度高於異性戀女性。由上述內容看來，同性戀女性與異性戀女性的外貌自尊究竟孰高孰低，依然存在著爭議。

再來，有研究顯示，同性戀男性的外貌滿意度低於異性戀男性。[4] 同性戀男性之所以特別執著於肌肉量或苗條的身型，並會感到有負擔、害怕變胖等，是因為他們的性伴侶是男性的緣故。

順帶一提，造成異性戀女性的外表壓力原因之一，是因為異性戀女性必須向男性展現性魅力。由於同性戀男性的性伴侶和異性戀女性的性伴侶皆是男性，因此推測同性戀男性與異性戀女性具有相似的困擾。

傳統上來說，異性戀男性的外貌壓力遠低於異性戀女性，那是由於異性戀男

7 韓國新造語，指藉由圖片或字句中他人的結實身材，喚起自身的運動慾望，並健康生活。

性本身就保有一定程度的外貌自尊。然而，這不代表異性戀男性就無須擔憂外貌自尊。有相關報告揭露，近來，越來越多異性戀男性注重化妝、穿搭與髮型，其整型率也逐步攀升。[5] 導致上述結果的原因，與社會提倡的性別平等、越來越多女性進入職場、姐弟戀夫妻人數增加等有關。

從當今趨勢看來，不少人預測，異性戀男性往後將得承受更大的長相煩惱。此外，目前尚未有研究結果表明，異性戀男性、同性戀男性與同性戀女性的顏質壓力將會有所降低。由此推測，外貌壓力不分性別與性取向，都會持續增加。

03 照片變照騙，網路修圖騙很大

早上起床，查看聊天軟體Kakao Talk群組聊天室的公告；上學路上，在捷運上看同系同學的IG（Instagram）貼文；在教室裡，大家一有空就互傳訊息，並瀏覽社團成員的臉書首頁；打工回家後，拍自拍，換掉聊天室的大頭貼照；睡覺前，看朋友更新的照片和網紅的苗條身材。和現實不一樣的是，社群媒體上的人都過著光鮮亮麗又幸福的生活。

社會比較理論（Social comparison theory）與自我差距理論（Self-discrepancy theory）主要是在說明外貌自卑，[6]其內容旨在闡述人們和社群媒體上的人計較美醜時，會造成外貌自尊受損。該理論指出，若人們越常接觸帥氣、漂亮的人，會不自覺與他人比較相貌，自卑感油然而生，外貌自尊便越容易下滑，但實際上，自己的樣子並沒有那麼糟。

二十年前，人們不像現在對網路成癮，天天透過社群媒體接觸到高顏值的俊男美女，頂多是下班看電視、翻雜誌或是收到傳單時，才會看到那些長相逆天的人。

隨著科技的進步，可能是導致人們外貌自尊低落的主因，許多研究也一致認為，社群媒體不利於外貌自尊的發展。社群媒體上的人往往是看著人的臉蛋來給予反饋，人們為了獲得他人的友好反應，會使用修圖軟體 Photohshop「修修臉」，但問題是，一旦人們將照片修成照「騙」，有可能會對自身的外貌自尊產生負面影響。

人們在不知情的情況下，把照片中某人的模樣投射到自己身上，意味著自己不再是身體的主人，最終會產生「外貌決定我的價值」的扭曲思維，也會對自己的體型感到羞愧。人們在社群媒體和大眾媒體上看見帥哥美女的機率，遠高於實際生活遇見他們的機率。[6] 因為動不動就會看見被稱為男神、女神或擁有魔鬼身材的人，而人們就會將這些人拿來與自己比較，最終變成無形的審美標竿。

法國精神科醫生佛朗索瓦．勒洛爾（François Lelord）表示，變幸福的首要祕訣是不與他人比較。如果想恢復外貌自尊，當務之急是改掉和「面容優越的人」的較量心態，也就是少上社群媒體。

04 青春期孩子，對長相最敏感

外貌自尊會隨時間而改變，但偶爾會出現脆弱期。生理學上認為，最具代表性的脆弱期就是青春期；心理學上則認為，青春期是日益重視外表的時期。

高三學生考完大學就去整型

大學考試放榜，宋宥利順利考上首爾的某間大學。春節期間，親戚們不斷稱讚宥利，還給了她很多零用錢。收到零用錢的宥利非常開心，在參加大學迎新活動的前一晚，她更新了臉書和ＩＧ的貼文，驕傲的寫下「我是首爾大學的大學生」。

然而，宥利高漲的自尊維持不了多久。迎新活動上出現了一名漂亮女同學，有著濃眉大眼和高聳鼻梁、長髮披肩、五官深邃，看得出來就算不畫妝也會是美女。再加上一百六十五公分的身高，和彰顯苗條身材的貼身牛仔褲，從穿著、髮型到妝容，無不完美。

宥利一見到她，腦海中立刻浮現出「女神」兩個字。

學長們爭先恐後向那名漂亮女同學搭話、要她的聯絡方式，並表示要請她吃飯。宥利不知是不是因為心情使然，她覺得學長們對那名女神同學說話時，聲音更為溫柔。宥利的心中很不是滋味，內心產生了微妙的自卑感。宥利一想起自己淪為配角，臉色就變得陰沉，對大學生活的幻想與期待也逐漸破滅。

過去，宥利一直都是模範生，很滿意自己的樣貌，但現在卻變了，她明顯感受到自己的外貌自尊出現問題。宥利覺得鏡中的自己怎麼看都不順眼，蒜頭鼻、單眼皮，看上去感覺很凶。其實，國一時，宥利曾深受青春痘與肥胖的困擾，但這次的情況更嚴重，這讓她非常在意。

韓國高中生的學業繁重，幾乎每分每秒都在讀書，但一旦成為大學生，過去花在讀書的時間就會分散到其他地方。由於生活重心快速轉變，人際關係的比重比以往高出許多，因此對相貌影響變大，同時，這也是韓國大學生的外貌自尊會經歷急遽變化的原因。

韓國的「大學入學考試整型歪風」正是源自於此。在韓國，高三考生考完大學入學考試後，就會跑去整型。一來是因為距離大學入學前，有充足的術後復原時間，也不會被大學同學知道自己整型；二來許多整型醫院看準此商機，紛紛祭出相關的打折活動，以此誘惑準大學生「修修臉」，這對準大學生來說，可謂是一石二鳥。高三學生壓抑住想玩耍的慾望，埋頭苦讀只為考上好大學，而當最重要的大學入學考試結束時，父母們自然同意讓子女們整型。

看臉時代，人人都想變帥哥美女

人氣網漫《看臉時代》的主角朴亨錫，原本是個又矮、又胖、又醜的四眼田雞，某一天，他突然變成擁有好身材的天菜男神。在漫畫中，朴亨錫有著雙重身分，當戴眼鏡的朴亨錫沉睡時，帥哥朴亨錫就會甦醒。

在朴亨錫還是又矮、又胖、又醜的眼鏡男孩時，除了他母親之外，每個人對他都很冷淡。反之，當大家面對花美男朴亨錫時，態度卻有了一百八十度的轉變。亨錫成了女同學的愛慕對象，男同學也待他十分親切，還有所謂「很罩」的同學想和他當朋友。換言之，亨錫的外型改變，讓他的校園人際關係無往不利。

青少年時期，我們有三分之二的時間都在學校裡度過，沒有比人際關係更重要的了。我認為，這部網漫之所以受到眾人歡迎，是因為它真實呈現了每個人心中隱藏的「男神、女神」一夢。

這也是青少年亟欲整型的原因。有些學生是因為擁有令人敬而遠之的醜陋外表，故而希望藉由整型減少容貌造成的各種損失，有些學生則是想獲得更迷人、更英俊的外貌，期待自己和《看臉時代》的朴亨錫一樣，透過改變顏質，改善周遭人們對自己的態度和生活品質。

藝人是將天生的長相資本成功轉換成金錢資本的代表性案例，再加上有些偶像歌手的年紀與青少年相仿，促使他們成了年輕人欣羨的對象，這也是導致韓國國、高中生整體整型年齡下降的主要原因。

在身體變化大、心理敏感的青春期，隨著外貌至上主義的無限擴張，青少年在意自身形象的年紀也跟著提前了。

【看臉時代】

決定修修臉之前，請先思考

二〇一一年，韓國曾被國際美容整型外科學會（International Society of Aesthetic Plastic Surgery，簡稱ISAPS）票選為整型率第一名的國家。當然，這仍需考慮到數據的可信度，但韓國整型率高是不容否認的事實。

然而，全世界的整型率也不斷攀升。英國整型外科醫師協會（British Association Of Aesthetic Plastic Surgeons，簡稱BAAPS）的報告揭示，二〇一〇年的整型手術數量較二〇〇三年足足增加三倍。[7]

外貌心理學認為，造成整型手術數量增加的三大原因如下：

首先，越來越多人感受到臉蛋好壞的影響力，就像韓國近來出現的新流行語——「外貌履歷」[8]一樣，整型完的人成為整型最佳代言人，

8 指好看的外貌和學歷、經歷一樣，都能成為一種武器。

打動其他想整型的人；江南地區是韓國三分之一的整型醫院聚集地，路上隨處可見整型招牌，[8]人們因而被業者的行銷效果所煽動。

其次，透過大眾媒體的報導，人們對「修修臉」的排斥感與恐懼感減少。

最後，整容手術較過去安全，提高了整體的整型率。

我不贊成也不反對整型，但我認為大家不該在外貌自尊脆弱期貿然動刀，整型手術終究還是手術的一種，希望大家能三思而後行。

以下幾點是「進廠維修」前必須慎重考慮的事：

1. 給自己至少十五天的冷靜期

法國政府規定，民眾如欲動整型手術，手術前，醫院應予受術者十五天的義務冷靜期（cooling-off period），[9]澳洲等的其他國家也都有類似的規定。[10]

這些規定並不是要阻止民眾整型，而是希望他們不該像買化妝品或剪髮一樣衝動行事。因為對其結果不滿意的人，通常最後悔的就是「妄下決定」。韓國消費者院（Korea Consumer Agency，簡稱KCA）也呼籲受術者，不要因一時衝動就胡亂簽訂醫美契約。[11]

2. 確認主治醫師是否為專業整型醫師

新聞媒體雖多次報導過，掛著整型外科或皮膚科招牌的醫院中，有些是由普通醫師與其他專科醫師共同開設的，[12]但仍有人不知情。韓國美容整型外科學會（Korean Society for Aesthetic Plastic Surgery，簡稱KSAPS）建議受術者在術前，可以先瀏覽醫院網站，確認主治醫師是否為專科醫師，以及是哪一科的醫師。[13]如果主治醫生是整型外科或皮膚科醫生，就沒有必要隱瞞履歷。

想動刀的人也能透過醫院招牌確認醫師的履歷，像是「△△醫院診療科：整型外科」、「○○門診：整型外科」、「××整型外科」等，上述這三者中，只有最後一個才是由整型外科醫師所開的。

根據韓國《醫療法》規定，[9]若非整型外科醫師所開設的醫院，不得標示為「整型外科」。此外，大家也可以上韓國整型外科學會的官網

（http://www.prskorea.co.kr/）檢視醫師履歷。

3. 考慮術後副作用

每個人都曾去髮廊剪過頭髮，也曾有過被髮型師剪壞頭髮的後悔經歷。整型和剪髮一樣，都屬於管理樣貌的一種手段，只不過，整容和理髮的顯著差異在於，前者被歸納在手術範疇之內。

無論是藥物、注射、微整型或一般整型手術，所有醫美手術都伴隨著一定的風險，都有可能產生副作用。每個手術的部位和種類，以及要面臨的風險也有所差異，然而有些整型的民眾壓根沒考慮過副作用發生的可能性，抑或是盲目的相信根本不會有副作用。

如果一味樂觀認為「整型就會人生順遂，只要我變好看……」，那麼可能會被這個想法給害慘。即使手術後很滿意鏡中的自己，但也有可能在幾年後後悔不已。

一時衝動換的髮型還有得補救，最糟頂多一、兩個星期後，頭髮就會長回來，變回到原來的模樣。但整型很難事後補救，甚至有可能永遠無法挽回。草率的整容絕對是威脅外貌自尊的重大因素。

4. 觀看整型外科相關的 YouTube 影片

有些醫生會在 YouTube 頻道上，分享只有醫療從業人士才知曉的相關資訊；有些整型外科醫生也會在社群媒體上講解術後的副作用，如果你正在考慮整型，不妨可以參考一下。

9 臺灣的醫美手術相關規範，可參考衛福部醫事司《特管辦法》。

05

「你好漂亮」，這話好有影響力

談論長相是韓國人的普遍日常，好友、同事、主管與部屬、初次見面的人等，都會以外貌為話題進行對談。聊天時提及外貌，大多是希望能讓對方有好心情，同時還有炒熱氣氛的效果。

不管是客套話還是真心話，任何人聽到「你好漂亮」、「你的皮膚真的太好了」等稱頌，都會心花怒放。這樣看來，稱讚他人的相貌不僅可以提高對方的外貌自尊，還能促進整體社會的正向發展。

然而，**稱讚他人外型的影響力比想像中更為深遠**。性別心理學家芮妮．恩格恩主張：「任何有關外表的言論，都有可能對人產生負面影響。」基本上，讚美能鼓勵或強化某種行為；從理論上來說，即使只是基於禮貌讚揚對方，也能讓對方更積極保養容貌與管理身材。

不過讚賞的話也可能讓對方誤解成：「原來人們很注重外觀啊！」、「只有努力維持現在這樣的容顏和身型，才會被誇獎。」、「其他人都在觀察我的臉和身材啊！」根據不同的情況，稱讚有可能會引發對方對自身形象的執著。

因此，**即使是出於好意，當我們在盛讚他人長相前，仍需多方思慮**。例如，應該慎重思索與對方關係的深度與狀態、對方的性格傾向，以及稱讚是否有助於建立對方的外貌自尊等。

舉例而言，戀人或夫婦帶著愛意讚揚彼此的樣子，和職場同事之間互相讚嘆外型，就算兩者的稱讚內容相似，對外貌自尊造成的影響也會有落差。

美國影集《慾望城市》（*Sex and the City*）的四名女主角，聊天的話題經常圍繞在「肥胖」上，抱怨自身模樣，像是「我的腰長肉了」、「該吃減肥藥了」。某項調查顯示，有九六．九%的女性每週至少都會嫌自己胖一次。[14]有部分受試者坦言，發牢騷的目的是希望他人肯定自己擁有美麗的樣貌。她們就像白雪公主故事中出現的壞皇后一樣，把周遭的人當成安慰外貌自尊的魔鏡。還有，她們愛照鏡子、檢查外表的次數也多於旁人，這同時反映出她們的不安。

因為外貌壓力會擴散，所以當某人埋怨自己身材不完美時，周遭的人就會感到負擔，會覺得有責任要安慰話者，又或是該吐露自己正在承受什麼樣的長相煩惱。安慰者在不知不覺間，會吸收談話中對相貌的嚴苛標準。如果提起肥胖談話的人比自己有魅力，可能使自己陷入心理自卑。有好幾項研究證實，該話題會侵蝕外貌自尊。[15]

大多數的人沒意識到抱怨體型的危險性，肥胖談話正在貶低我們的外貌自尊。

那些愛對他人外貌評頭論足的人

有些人會稱讚他人的外型，有些人會直接對他人外表說長道短。評判他人外貌的方式可分為下列三大類：

第一類是針對長相的評價，這主要發生在青少年之間，像是「你是豬」、「你是侏儒」、「你是半獸人」等。

每個人對外觀都可以有自己的想法與內在評價，高情商的人了解，他人的評論不等於自己的真實樣貌；但大腦未臻成熟的年輕人往往會聯想在一起，有時外貌自尊低的人被貶低時，會下意識覺得「是我長得不夠好看」，而不是「對方錯了，他不該說這種話」。明明是對方的錯，他們也會把過錯往自己身上攬，妨礙外貌自尊的治癒。**如果有人貶低你的外貌，那錯不在你，請不要自怨自艾。**

第二類是不假思索的批判，像是「你該好好保養一下皮膚」、「你該減肥了」、「女生怎麼沒有女生的樣子」、「男生怎麼這麼弱不經風」等。

青少年之所以頻繁嘲笑同儕的外表，是因為大腦額葉（Frontal Lobe）尚未發展成熟。他們對外貌的盲目嘲諷，會隨著年紀增長而消失。不過也有例外，像是家人、親戚、朋友或同事等成人，也會說出批評他人模樣的話。

第三類是委婉的指責，像是「你若整一下，眼睛就會變得更好看」、「你要是鼻梁再高一點，就更完美」。這類言語經常出現在成年人的對話之間，乍聽之下像是良善的建議，又或許話者並非心存惡意，但根據話者和聽者之間的個性，會造成不同的理解情況，有可能因此心情變差。

如果你對別人評頭論足的行為感到不舒服，請參考下頁專欄，其介紹能靈活應付這些人的妙招。

【看臉時代】

對付說三道四之人的方法

1. 規避

有懼高症的人害怕坐雲霄飛車，雖然有很多方法能避免懼高症的發生，但最簡單的就是不乘坐遊樂設施。不搭乘遊樂設施，並不會影響到日常生活。同理，如果你身邊有人侵蝕你的外貌自尊，建議與他保持距離。

2. 當耳邊風

我們和某些人能徹底斷絕往來關係，不過也有斷絕不了關係的人。例如，不能因為被同系的同學嘲笑容貌就因此轉系；不能因為被職場主管批評相貌就換部門或跳槽。

如果改變不了被批評長相的情況，**最好的方法是適時忽略之**，若是字字句句都聽進心中，不論是誰，外貌自尊都必然會跌落谷底。

- 方法一：對方說話時，眼神越過對方的肩膀，看向其後方的牆壁、牆上的畫或窗外。
- 方法二：在心底從一數到一百，或背九九乘法表。

3. 區分對方的想法與事實

如果聽者反覆被指責容貌的話，最終他有可能會覺得自己真的長得不好看。不過，某人所想未必就是真的，也就是說，**要學會區分對方的想法與事實**。

- 「〇〇，你的皮膚不好。」

↓「雖然不清楚這是不是事實，但原來那個人覺得我皮膚不好。」

4. 調節衝動

一個人的外貌自尊越低，就越難承受批評自身形象的言語，一旦被批判，就會惱怒並感到鬱悶。

情緒激昂時，先試著冷靜下來，若因控制不了憤怒而反擊，或是直接發怒的話，吃虧的反倒是自己。

從神經生物學（Neuroscience）的立場來看，我建議可以透過刺激交感神經的方式。例如，用冷水洗臉，刺激臉部皮膚血管收縮，有助和緩腦海中的怒氣。

5. 自我安慰

在學校或公司，總還是會有令自己外貌自尊受挫之時，這感覺像是被人揍了好幾拳或受到一記重擊，回家的路上越想越傷心、精疲力竭。

每當此時，我們都會希望「朋友或戀人能安慰自己」，如果有人能及時給予鼓勵那自然是最好，但萬一沒有，那就請自己慰藉自己。

比方說，**買小禮物送給自己**、**獨自看場電影**（參考左頁表3-1）等，創造不同於日常的驚喜，用小確幸撫慰自己崩潰的心情。

▶ 表3-1　寫下屬於自己的小確幸清單

我的小確幸清單	安慰指數（0～10分）
在大創或市集買東西（鉛筆、香水等）	5
夾娃娃	7
看電影、下載電影看	4
去 KTV 唱歌	5
溜冰	6

06 過度愛美的「身體畸形恐懼症」

不是每個外貌自尊受創的人，都會對相同的話產生同樣的反應，有些話對有些人而言極度敏感，對某些人來說卻絲毫不在意。

舉例來說，一樣被說胖，有人無動於衷，有人卻深感罪惡；因為意外導致臉蛋變形時，有些人能快適應，但也有人終其一生走不出傷痛。根據外貌畸形（燒傷、乾癬、頭頸癌〔Head and Neck Cancers〕、白斑症、顱顏畸形〔Craniofacial dysostosis〕等）相關的研究指出，外貌畸形嚴重程度和心理感受之間的關聯性並不大。[16]、[17]、[18]、[19]、[20]、[21]

也就是說，心理自卑並不取決於長相優劣，個人的性格才是影響外貌自尊的主因。

例如，容易感到憂鬱的人經常會否定周遭的觀點，一旦鬱鬱寡歡再加上低自

尊，就會降低對外型的滿意度。假設有兩個長得極其相似的人，根據個人性格（悲觀主義、低自尊等）各自詮釋自身外貌，兩者將會出現極大的差異。兩人的長相雖然相同，但討厭鏡中模樣的人，與喜歡鏡中自己的人之間，有著天南地北的外貌自尊。

氣質性樂觀主義（Dispositional optimism）者，對自身樣貌的接受度大，很少因相貌的變化而受到打擊。[22] 反之，嚴以律己的完美主義者（Perfectionist），乍看之下會覺得這類人的自制力強、心理健康，但他們反而會因對自我要求標準高，容易對自己的外表感到不滿。

愛美過度是種病

藝人、模特兒、時尚 YouTuber 等，由於其職業特性，必須維持姣好的臉蛋，故而在面容上投資大把的金錢與時間，但是把一切「梭哈」在外貌上，必然伴隨著風險。

把全副精力放在容顏上，且對其他方面視而不見的人，一旦外觀出現變數，很容易備感威脅。

有些人的大腦會拒絕自己的樣子，代表性例子是身體畸形恐懼症，又稱美麗臆症（Beauty hypochondria）、身體臆形症。它不同於漢生病是顯性外貌畸形，而是一種心理性疾病。

依據美國精神醫學學會出版的《精神疾病診斷與統計手冊》（*The Diagnostic and Statistical Manual of Mental Disorders*，簡稱ＤＳＭ）第五版所述，診斷出是否有身體畸形恐懼症的標準是，對於他人難以覺察的長相細微缺陷，表現出強迫、執著的態度，（與他人相比）重複出現擔憂外貌的行動或精神上的行為。

大多數的人都對自我形象有某種程度的憂慮和執著，因此，人們並不覺得身體畸形恐懼症是問題，或純粹認為「愛美是人的天性」。

然而，身體畸形恐懼症患者和單純愛美、愛打扮的人不同，他們是愛漂亮過了頭。有半數以上的身體畸形恐懼症患者因為愛美過度，即使每天花三小時以上打扮，仍覺得自己不完美；一天內會照鏡子檢查數十次，用化妝掩飾或戴帽子，擔心別人看到自己的容貌會覺得很奇怪。這是因為他們有一顆強迫性的大腦，只要發現一點小瑕疵，就會覺得自己長得像怪物。

有七五％以上的身體畸形恐懼症患者會有憂鬱症傾向，每三人中就有兩人曾接受過醫美手術。[23] 治療身體畸形恐懼症最有效的方式是改變心態，而不是改變外型。長相帶給身體畸形恐懼症患者的痛苦遠高於其他人，能減輕他們痛楚的不是手術，而是藥物和諮商。

問題是，大多數的身體畸形恐懼症患者不是到精神科就診，而是去了整型外科、皮膚科或牙科，他們在醫美診所的就診率偏高；而這些人所遇到的最大問題是，身體出現了症狀，卻想盡辦法找藉口不就醫。

若身體畸形恐懼症患者接受了整型外科或皮膚科的治療，結果會如何？原則上，他們接受醫美治療乃是大忌，縱使是輕症，也少有過接受醫美治療後，病情好轉的案例。

若是身體畸形恐懼症中重度病患，不管怎麼整型，都不會有效果。即使醫美手術改善了外貌缺陷，這群人既強迫又偏執的大腦，仍會否定一切，樹立起永遠也無法合格的樣貌標準。

身體畸形恐懼症患者一旦開始整型，就有很高的機率會整第二次，嚴重時還會整型成癮。即使別人覺得整型手術很成功，但他們仍舊會對術後成果不滿，向醫院提起訴訟，或是因不願看見鏡中的自己而打碎鏡子。

身體畸形恐懼症是外貌心理學上最令人難過的情況，患上此病症等同被困在無法逃離的相貌自卑迷宮中。因為對他們來說，主觀外貌滿意度對外貌自尊的影響大於客觀外貌形象。儘管如此，還是有人認為，只要改善模樣就能解決所有問題，而這些患上了「外觀強迫症」的人，誤把把皮膚科或整型外科當作是擺脫心理自卑的窗口。

到目前為止，尚未確切掌握身體畸形恐懼症的發病原因，僅能從大腦不能處理外貌的相關資訊，只曲解特定部位的視覺感知偏移（Biased visual perception），暫時斷定病因可能牽涉到神經生物學、因外表重要性所導致的無形心理壓力，以及個人過去曾因長得難看而被嘲笑的經驗等。[24]

縱使整了型，也沒能走出外貌自卑的困境，那麼就應該認真思索是否找錯了方向。也許就像希臘神話故事中，幫助阿里阿德涅（Ariadne）逃出迷宮的一條線一樣，能幫助身體畸形恐懼症患者逃離的關鍵不在於皮膚或臉部，而在於心靈與大腦。

與其自己胡亂猜測方向，不如掌握內在的變化，方能更快遠離自卑的泥淖。

07 整型就會幸福？電視劇虛構的

二〇一七年，某篇登載於美國醫學協會皮膚科學期刊《皮膚病學紀要》（*JAMA Dermatology*）的論文，分析了經典電影中反派人物的長相。[25]研究結果表明，創作者在塑造壞角色的形象時，有特別將其負面化的傾向。在我們的既定印象中，電影與電視劇的主角大多是美麗、帥氣的，小時候我們讀過的童話故事或漫畫的主角，也都擁有出色外表甚至各方面的條件都很優秀。

某項研究指出，有八四％的影視作品印證了，擁有迷人的模樣等同擁有如親切等的正面性格特質，古今中外都有著「主角＝有魅力的外貌＝正義又善良」的刻板印象。

二十一世紀的影視作品和過去的灰姑娘童話一樣，主角出色臉蛋與其他完美屬性（如性格、能力、道德等），呈現了高度的關聯性。

然而，長相「不堪入目」的壞角色，其待遇恰恰與主角相反，在大部分的電影、電視劇或小說中，反派人物多被塑造成負面形象，就像電影《黑暗騎士》（*The Dark Knight*）的小丑、《獅子王》（*The Lion King*）的刀疤。

當然，並不是所有的反派都是如此，如今，作品中亦有不少長相帥氣的「惡人」，只不過「負面的相貌＝壞人」仍屬主流。當我們欣賞一部作品時，從登場人物的長相就能猜測出他是好是壞。

我們都知道，「所有的電影和電視劇都是虛構的」。在影視作品中，長得好看的演員，在各方面必定也都完美無暇，然而，實際情況並非如此。同理，長得不好看也只是日常生活中的一部分，就算有個人長得跟電影裡的小丑一樣醜，也不代表他的人格或其他方面就一定很差勁。

小丑之所以同時擁有醜陋的外貌與殘暴的性格，不單純只是因為他長得難看才自暴自棄，就像食物的味道和其內含營養的多寡，這兩者並不相干。**若僅從一個人長相判斷其好壞，難免過於偏頗。**

我們能從人的外觀得到一些資訊（年紀、性別與情緒等），但不代表外貌就是一切。

「外貌＝成功＝幸福」的錯誤公式

《Let 美人》是風靡一時的韓國電視節目，該節目介紹外貌自卑的人如何透過整型，使面容得到改善。出演者在節目上接受改造後，其容顏產生了驚人的變化，節目組善用「整型改變外貌，等於改變人生」的美好大結局劇本引人入勝，後來，包括整型外科醫生在內的許多人紛紛提出了異議，該節目最終被迫停播。[26]

這種「改頭換面秀」（makeover show）在國外也曾引起諸多爭議，擔憂會助長整型歪風，並推波助瀾帥氣美麗等同擁有全世界。

在現實生活中，有些人雖長得其貌不揚，但照樣過著幸福快樂的日子，相反的，有很多人雖然長得很好看，卻過得悽苦無比。很多人因此陷入「高顏質＝幸福」的幻想中，認為整型能帶來一帆風順的人生，然而實際上並非如此。

這種**認為整型就能過上「開掛」人生的荒謬想法，是增加整型後悔率的主因**。因此，我們應抱持合乎現實的期待，儘管無法否認有外貌紅利的存在，但「外貌＝成功＝幸福」是不切實際的。如果你對此抱有疑慮，請先懷疑連結各詞彙之間的等號是否成立，或許，這能成為促使你迷途知返的起點。

08 我的外貌自尊，由我主宰

長相是人際關係的起點，日常人際相處上，常能見到外貌紅利的威力。儘管這並非適用於所有情況，但有報告指出，長得好看的應聘者，會較受「看臉」的面試官的青睞；儀表堂堂的教授，在課程評價上也較占優勢；甚至在法庭上，相貌端正的罪犯，也可能獲得較低的刑量。

所謂外貌紅利，即臉蛋不出眾的人會略為吃虧的現象。一部分原因是因為歧視，另一部分原因只能是自認「臉」不如人。例如，俊男美女在談戀愛等的部分最吃香。

《我的ＩＤ是江南美人》的主角姜美來，雖擁有了公認的美麗容貌，但她卻沒能恢復外貌自尊，被擁有俊朗外型的「臉蛋天才」都炅錫告白時，反倒自我懷疑「我有資格和他交往嗎？」、「如果我和都炅錫交往，別人會怎麼看待我們？」

美來之所以感到自卑，是因為社會風氣總愛把人排出美醜順序。在社會化的過程中，對外表敏感的人會把外貌分級化，將人的樣子區分成「男神、女神」（擁有如藝人般面容的人）；「型男、正妹」（長得美麗或帥氣的人）；「暖男、暖女」（外型中上的人）；「普男、普女」（相貌平平的人）；「醜男、醜女（長相抱歉的人）等。

因為美來從小接觸到了外貌分級制，在不知不覺之間將審美標準內化，所以才自暴自棄說自己沒資格和英俊瀟灑的都旻錫交往。

有些人喜歡長得比自己好看的人，也有些人像美來一樣認為：「像我這種醜八怪，沒資格和天菜男神交往。」這是因為他們害怕周遭人們的眼光，在勇敢追愛之前就先斬斷自己心裡的念想。我們並不能就此斷言，長相普通的人談不了戀愛，把所有問題全推給外貌。

長相平凡的人當然有可能在追愛過程中慘遭滑鐵盧，其成功率也可能比相貌出眾的人低，但告白失敗的機率必定與個人美醜無關。每個人都有可能告白失敗，被拒絕的原因可能是因為容貌，或因對臉蛋失去自信而畏畏縮縮所致。因此，面容平庸的人應該思考告白被拒，或是壓根不敢告白的背後真正原因。

可以確定的是，只要雙方互有好感，就能談一場美麗的戀愛，無須其他條件的加持。不論是對方的外貌有缺陷、個子矮、對素顏缺乏自信或是肥胖等，只要不會成為兩人愛情路上的絆腳石，那就不會構成任何影響。

習慣性懷疑戀人說的話

情侶之間說甜言蜜語、讚賞彼此模樣是常事，雖然稱讚對方外表可能會讓對方覺得，「時時刻刻在監視自己的外觀」，但發自內心的讚美，其實有助於提高親密度。

不過，**外貌自尊低的人就算被說漂亮、可愛、帥氣，也會有所存疑**，陷入另一半「會不會因為我的長相變心」的懷疑之中，不相信對方是發自內心的誇讚自己。**有些人為了「悅己者容」而愛美過了頭，出發點雖是良善的，但在一味追求好看外型的過程中，會讓另一半記不清你的原始面貌。**

外貌自尊低的人會過度檢視自身形象，認為外貌代表全部的一切，且會被「長相＝我」的想法給束縛，變得只注重表面功夫，到頭來失去另一半原本愛上自己的那一個優點。

當在意他人的言語和目光多過於在意另一半時，就會開始否定「戀愛時的悸動」，兩人的關係漸行漸遠，最終以分手收場，但當事人卻誤以為，「好看與否」是造成分手的主因。假如前任的交往對象長得比自己更好看，就會加深心理自卑，自此陷入無法自拔的低外貌自尊泥淖。

《我的ＩＤ是江南美人》中，因為都炅錫始終表現出不在意美來的容貌，看見她引以為恥的國中照片時也不為所動。當都炅錫說：「我喜歡妳，尊重妳，與妳的臉蛋無關。」時，那一瞬間，美來克服了自身的自輕自賤，這番話不僅打破了美來的心牆，也打動了她的心，最後兩人順利交往。

雖然都炅錫的浪漫行為有些不切實際，但如果能遇見像他一樣的人，就能提高另一半的外貌自尊，但若換作是普通人，遇見低外貌自尊的戀人，可能因身心俱疲而分手。

外貌自尊低，絕對不是當事人的錯，無須自責，但低自尊造成的負能量，對伴侶來說，或多或少都是一種壓力。

健康的戀愛關係始於彼此身上的正能量，外貌自尊低的人，會因他人的目光和言語，而無法專注在伴侶的身上，就算被另一半稱讚，也會覺得只是尋常客套話，並沉浸在「臉」不如人的想像中，無法傳遞正能量。

遺憾的是，沒人能改變過去，而在現實世界中，很難遇見像都旻錫那樣的人，所以我們應該要培養自我價值，同時要保有「我的外貌自尊由我主宰」的思維。

整型，不再是不能說的祕密

《我的ＩＤ是江南美人》的主角姜美來靠整型成了美人，但她卻戰戰兢兢的拜託國中同學都旻錫，不要對外宣揚她整容前的樣子。事實上，像姜美來一樣的整型患者，大多不想讓人知曉自己曾動過刀。儘管現在整體的整型率提高，瞧不起人工美女的人也比以前少，但「修修臉」似乎仍然容易被歧視。

劇中天然美女玄秀雅企圖揭露姜美來整型一事，其原因包含了玄秀雅身為天然美女的危機意識。從經濟學的角度來看，醫美手術降低了天生優越容貌的稀少性，破壞了原先的外貌分級制。天然美女自然不喜歡整型美女，說不定她們會覺得這是「偷吃步」。像玄秀雅那樣，一旦外貌自尊越低，就越容易感到威脅與不安。

近年來，整型不再是不能說的祕密，越來越多人不避諱和別人說自己曾整過型，擔心「萬一整容的事被傳出去怎麼辦」的人，也變得比以前少。過去，整了型卻不敢說，可能是怕周遭的人說「她的鼻子是進廠維修的」，或是「她一看就是整型臉」等。

我認為不需要太在意旁人說的這些話，只要自己在動手術前慎重思考過即可，但如果已經做完醫美手術，並且對其結果很滿意，就沒必要因他人貶低整型的言語，而感到難為情或退縮。整容就像吃類固醇一樣，成效顯著，且它是合法的，就像考生吃B群一樣，並不犯法。

擁有天生麗質的五官也是一種機緣巧合，任意指責那些靠著合法手術獲取美麗的人並不恰當。「人工美女」、「江南美人」[10]、「整型怪物」、「人造人」等詞彙，都是在刻意貶低整型的人，把它當成耳邊風即可。

10 首爾江南區聚集眾多整型外科，江南美人即指江南區的整型醫院整出來的美女。

【看臉時代】

如果你因長相不如人感到自卑

1. 承認外貌紅利

外貌紅利絕對會讓長相不出眾的人想鳴冤叫屈，有些人因其貌不揚而蒙受損失、受歧視，並感到無能為力，不僅對自己的樣子不滿意，同時也更厭惡坐享外貌紅利的人。

當矮冬瓜的人和長得難看的人，看見個子高大的人和相貌堂堂的人享受到許多好處時，會感到生氣。問題是，對沒有做錯事的朋友生氣，久而久之，就會對自己感到失望與愧疚。

不過，有這些情感都是正常的，嫉妒和自卑只是人的一種情緒，沒有是非對錯，也不是不成熟的行為。只是，唯有非常老練的人才會承認，外貌紅利是生活中不可避免的不公平，要處理隨之而來的情緒，更是難上加難。

2. 長得好看的人少之又少

大家必須認知到，讓自己感到自暴自棄的人，是擁有稀世外貌的人，而大部分的人都沒他好看。

- 「智動身材高大、皮膚好、長得又帥，令我覺得很沒自信，但他是我們系上的系草，大部分的同學都沒他英俊，所以我也沒必要因為自己比不上他而不開心，**其他人也一樣望其項背**。」

3. 了解自己的優點

外貌自尊越低的人，越愛挑自己外表的毛病，並找尋他人的各種優點。可是別忘了，**人都是好壞並存的**。

- 「智動比我高、皮膚好、長得又帥。」

→「智動比我高、皮膚好、眉毛很濃密，但我的身材比他結實。」

4. 擺脫「長相＝全部」的假設

有些外貌自尊低的人把相貌看得太重要，**要知道外型只是人的一部分，樣貌不出眾並不代表你就該自卑。**我們無法否認外貌紅利的存在，但它絕非全部。

第4章

因為這些不完美，讓你顯得美！

我認為每個人都有外貌自卑，對外表缺乏自信的原因眾多，其中主要是因為主觀上認知使然。此外，大眾有時會受到外貌至上主義與大眾新聞媒體的影響，導致審美標準變得嚴苛。

在本章中，我會從心理學的角度，分析幾個大眾容易產生心理自卑的情況，這些大多是人們在日常中常遇到的煩惱，也有一些較為陌生的例子。

本章中對長相不滿的案例並不難理解，不過也會有人覺得「這哪能算是自卑」，這是因為個人經歷與自卑感本身的特性（身體部位、好發年齡、發病率、過程與解決方法等）密切相關。

某些是大眾常有的外貌自卑，由於極其普遍，所以有時很難被人察覺，不過一旦掌握好自卑感的特性，就能輕易了解其心理困境。

01 致命瑕疵，昇華成個人特色

某些外型缺陷肉眼可見，像是白斑症。白斑症是皮膚上出現界線鮮明且形狀不規則的雪白斑塊，好發於身體的任何部位，多從臉、脖子、手和手臂開始擴散。

雖然現代醫術已經能治療白斑症，但它卻有可能反覆發作，同時併發為重症。世界級名模溫妮．哈洛（Winnie Harlow）就是白斑症的重症患者。她四歲時罹患白斑症，學生時期的綽號是「斑馬」或「奶牛」。

據媒體報導，她於四歲發病，遭學校同儕嘲笑，飽受憂鬱情緒與社交恐懼症（Social Phobia，簡稱SAD）所苦。從媒體揭露她休學的經歷來看，大致能推測出她的外貌自尊狀態。[1]某項研究顯示，白斑症病患容易遭遇人際關係困難與感到抑鬱，[2]白斑症病患被排擠的心情不容忽視。

社群媒體是溫妮的轉捩點，她不在意外界眼光，把自己的照片上傳IG，正巧被超級名模泰拉．班克斯（Tyra Banks）看見。眼光獨到的泰拉，建議溫妮把白斑症視為她獨有的珍貴特質，並推薦她參加美國模特兒選秀節目《超級名模生死鬥》（*America's Next Top Model*）。爾後，該節目也成了溫妮變成明日之星的跳板。

白斑症侵蝕溫妮的四肢與身體，以及最敏感的部位「臉」，再加上她本身的膚色深，使得白斑更加醒目。

站在外貌心理學觀點上，值得關注的是溫妮的應對方式。溫妮與經常用化妝或長袖遮住白斑的病患不同，從她ＩＧ貼文上的表情、穿著與姿勢，能感受到她自信大方的氣場。

正如她對媒體所說，她接受自己的身體並感到自豪，不因對長相沒自信而畏縮，也許是模特兒職業帶給她的關鍵性影響，讓她具有高外貌自尊。

溫妮作為一名時尚名模，相貌固然重要，但二十一世紀的美醜標準五花八門，加上模特兒與普通職業不同，白斑症所帶來的白斑不再是缺點，而是個人魅力。溫妮「兩種膚色」的獨特標誌和她的時尚背景形成絕妙組合，成為她獨有的優點。

每個人都認為白斑是溫妮的致命瑕疵，但她卻掌握了大眾心理，運用觀察力，將白斑昇華成魅力，並改寫審美標準模式化的當今時代，完全翻轉自身的外貌自卑。

外貌自尊高低取決於自己，而不是別人眼中所見的自己。外表的缺陷雖會降低自信，但這並不代表自尊心就一定會低落。白斑仍舊存在於溫妮的皮膚上，不過她從自己的外貌中尋求到某些價值，非但沒有停留在學生時代鬱鬱寡歡的泥淖中，反而將其轉化為高外貌自尊。

倘若溫妮沒有患上白斑症，她將會擁有更平凡的學生時期。過去的她因奇特膚色被排擠，現在她因為獨一無二的膚色，成為了吸引百萬人目光的網紅。

02 你懂我的美，讓我更完美

二十五歲的秀賢是大學應屆畢業生，身高高於一般男性一百七十六公分的平均身高，身材偏瘦、沒戴眼鏡、眼神善良，整體上給人可愛的感覺，再加上個性溫和、有幽默感，從小就受到同儕的歡迎，目前即將和就讀同所大學的女友一起畢業。

秀賢的人生看似一帆風順，但出乎意料的是，他對自己的自然捲不甚滿意。導致秀賢產生自卑心理的起因始於國一，他的頭髮從小六開始變捲，上了國中後，髮絲就變得像亂糟糟的草叢一樣。在過去，學校還會管學生的髮型，他曾因父親遺傳給他的自然捲而受到數次指責，不知從何時起，朋友們開始叫他「花椰菜」或「麥克．傑克森」（Michael Jackson）。

雖然父母經常安慰秀賢，告訴他「沒關係，你的頭髮一點都不奇怪」，但他仍對與眾不同的髮型感到不滿。個性內向的他，討厭引人注目的自然捲，外出時習慣戴棒球帽遮掩頭髮。

上髮廊也是秀賢的壓力來源之一。自然捲很難駕馭，他燙過好幾次捲髮和離子燙造型，但撐不了多久就會被「打回原型」。夏天時，因為髮絲受潮，更難整理頭髮。

直到秀賢遇見女友智允後，智允認為秀賢的自然捲是他的優點，困擾他十幾年的捲髮便不再是煩惱，他的外貌自卑也隨之消散了。

在心理學上，秀賢是屬於主觀的外貌自卑，事實上，他其實很適合捲髮造型。幫秀賢取「花椰菜」綽號的同學，並不是因為覺得他長得怪，而是覺得他很可愛。

長相屬於身體美感的一部分，周圍的人都沒意識到秀賢對自然捲感到不滿。再加上韓國人大多是直髮，周遭的人看見髮式格外醒目的秀賢時，便不假思索的評論他的外貌，內向的秀賢在接收到「大家都在關注我的頭髮」、「原來我和別人不一樣」等資訊後，開始感到不自在。

秀賢因捲髮沒自信一事，發生在容易感到敏感的青少年期，而所有的人際關係都始於外表，臉更是外型中最敏感的部位，髮型則是左右臉部印象的最大變數，正因如此，看似微不足道的自然捲，卻是造成秀賢長達十年的外貌自卑元凶。

正如先前所言，秀賢之所以能擺脫夢魘，女友是最大的功臣。女友清楚表明秀賢的捲髮不是缺點而是優點，這才讓秀賢產生了自信。因為是另一半說的話才會有這麼大的作用，別人講的話未必能達到此效果。有研究指出，另一半的言論會為外貌自尊帶來巨大的影響。[3]

像上述案例，對自己有意義的人，不在意我們感到羞愧之處，或是把我們原本自輕自賤的部位視為優點，這對提高外貌自尊大有裨益。

03 青春痘不青春，比較像詛咒

二十八歲的泰熙第一次長痘痘是在國一時，她額頭上的紅色痘痘很快擴散到太陽穴與臉頰，這令她非常在意，連帶照鏡子的時間也變長了。之後，泰熙開始用瀏海來遮蓋痘痘，每次看到朋友們光滑的皮膚時，都會十分羨慕，但看到鏡中的自己時，總會覺得很傷心。

泰熙聽說用天然肥皂洗臉能改善痘痘，便跟著照做了，可是臉上的痘痘卻不見好轉；泰熙想去看醫生，但父母對長痘痘看醫生這件事卻不以為然，再加上家境普通令她束手無策，她只能不停的洗臉。

那些痤瘡與痘疤，在泰熙考完大學入學考試後，仍舊留在她的臉上。

後來，泰熙升上大四，臉上的痘痘絲毫沒有減少的跡象，甚至長到下巴和嘴巴四周，她眼看事態不妙，跑去皮膚科看診拿藥後，痘痘的情況終於有所改善，但沒過多久，痘痘又捲土重來。於是，泰熙去做了臉部雷射與深層清潔護理療程，然而痘痘依然不願放過她。

泰熙就業後，仍舊是個「戰痘少女」，她每次照鏡子時，都會覺得自己的皮膚是「被詛咒的皮膚」，而變得鬱鬱寡歡。每當經期期間或加班隔天，泰熙看到臉上一整片紅色的皮膚，她都會產生砸鏡子的衝動，用化妝品也遮不住臉上難看的痘疤，對皮膚喪失自信心的她，就連去家裡巷口的便利商店都會化妝。

加班的當晚，泰熙做了個夢，夢中的她擁有光滑無暇的乾淨肌膚，她看著那張臉，露出燦爛的笑容。然而，泰熙喜悅的心情沒能持續多久，鏡中的陶瓷肌不過是南柯一夢，夢醒的她只能深深嘆息，她已經厭倦了人生有一半的時間都在與痘痘共處。

外貌心理學認為，晶瑩剔透的膚質會給人知性與健康的感覺，而痘痘肌則會給人內向與害羞的印象。別說是滿臉痘痘，即使情況不嚴重，也會造成當事人心理感受不佳。有報告點出，有青春痘的人，往往憂鬱指數較高，不過痤瘡的嚴重程度和憂鬱症並不成正比。[4]

有人會把憂鬱症比擬為「心靈感冒」，也稱青春痘是「年輕的指標」。許多國、高中生因青春期賀爾蒙失調而爆痘，並深受其擾，而大人們卻認為長大之後痘痘就會消失，且會說「現在正是愛美的年紀」，絲毫不在意青少年傾訴相關的煩惱。

我自己在國中時，也曾聽人說過「會長痘痘代表你還年少」的話，但最近長痘痘的成年人增加了，其具體原因不明，大多數人認為，是因為現代人的飲食習慣與環境賀爾蒙所致。

泰熙的青春痘很嚴重，且不易治療，所以「長大後就不會長痘痘了」的話，並不適用於她。容顏好看與否對異性戀的女大學生非常重要，泰熙的痘痘長在最敏感的臉部部位，痘痘困擾使她憂鬱、痛苦，連帶導致去超商也要化妝。

憂鬱症是長期的問題所致，不少心理專家對此提出警示，把憂鬱症視為普通的心理疾病，是相當危險的。同理，我們處於外貌至上主義的二十一世紀，似乎更需打破青春痘的刻板印象。

二十一世紀比二十世紀更看重外表，看待痘痘的目光也更加嚴厲，事實上，青春痘是比「單純的年輕表徵」還更危險的皮膚病。

【看臉時代】

青春痘是慢性病，得看醫生

1. 接受專家的治療

有些人長痘痘時，會被周遭的人影響，而去嘗試未經驗證的民俗療法等。生痤瘡是很普遍的事，網路上也到處都能看到未經醫學實證的資訊。

治療青春痘最重要的是看皮膚科醫生。這雖是理所當然的事，卻最容易忽視。

2. 調節飲食

食物和青春痘之間有無直接關聯性是長久以來的爭議。高升糖的食品（甜甜圈、米飯、麵粉食物等）都容易誘發痘痘生長。**美國皮膚科學學會揭露，低升糖的食物（蔬菜、堅果、海藻類）有助於抑制痤瘡生長。**[5]

3. 緩解壓力

睡眠不足與壓力增加，會提高腎上腺素皮質激素（Adrenocortical hormone）與兒茶酚胺激素（Catecholamine）的數值。上述這些物質會誘發炎症，並讓皮膚更加惡化（乾癬、過敏性皮膚炎、蕁麻疹、青春痘等）。與此同時，曾有學術雜誌表示，考試壓力也會讓痘痘惡化。[6]

4. 具備正確的相關知識

青春痘屬於慢性病，治好痘痘需要一段時間，因此，具備痤瘡的正確認知有助於症狀好轉。例如：掌握青春痘的治療方式、其功效、常見的疑問（能不能擠痘痘；關於疤痕、洗臉方式、防晒用品、化妝品、三溫暖、運動後流汗、飲酒等），能讓抗痘過程更有自信。

04 長太高或太矮，都是壓力

成煥今年要升研究所，在小學、國中、高中的十二年校園生活中，他都是班上最矮的那個。成煥的身高永遠比別人矮一截，在運動會、朝會、體育課時，他都穩站最前列，按體型決定座位時，他也一直都坐在第一排。

國二時，成煥的身高是一百五十一公分，比國一時長高了七公分，但他仍是班上的矮冬瓜。當時他聽說「長腋毛後就不會長高了」的傳言後，頓時心亂如麻，原本不在意兒子身高的父母也開始心急，把成煥送去學籃球，希望能刺激他的生長板，還買保健食品給他吃。

不過升上國三後，成煥依然只有一百五十六公分。他看到電視節目說，晚上十點前睡才能刺激生長激素分泌，於是他養成九點就寢習慣，隔天早起時，也會做全身伸展運動，但身型依舊不見起色。

成煥過去都是讀男校，到了高中才變成男女同校，班上有一半的女同學比他高，這讓成煥備感壓力，他上學時會穿增高運動鞋，但這並未減少他的身高壓力。當小兩歲的弟弟身長超越成煥時，他感到很彆扭。

同學也一直嘲笑成煥的身高，每次一百七十公分的朋友叫他「哈比人」時，他就會一肚子火。小六時，他曾以為：「等我長大，應該會有一百八十二公分高吧！」如今成煥不再痴心妄想，他放低了身材標準，期望自己「只要能長超過一百七十公分就好」。

後來，他在軍中體檢時，量出的高度是一百六十二公分，之後又長高了一公分，變成一百六十三公分。

成煥升上大學，長得矮一事依舊如影隨形，迎新活動的第一天，雖然也有三、四個男同學身高不到一百七十公分，但他一樣是系上二十名男生中最矮的那個。成煥不再像國、高中時，盲目期望自己能長超過一百七十公分，他的願望下修為至少長到一百六十五公分，並誓言不要再當矮個子代表。

最近，成煥去諮詢增高手術，也看了受術者的相關採訪，得知現在增高手術比過去更為安全。如果能透過手術衝高五公分，他的身長就有一百六十八公分，似乎也能如願「高人一等」。

然而，因為高昂的手術費與術後復原時間，以及可能導致運動能力變差等變數，讓他遲遲還無法下定決心。

高還是矮，不是絕對

足球明星萊納爾・梅西（Lionel Messi）是出了名的矮個子。梅西在十多歲時，被診斷出罹患生長激素缺乏症（Growth Hormone Deficiency，簡稱GHD），被醫生告知日後身材會非常矮小。醫生在為梅西治療時，替他注射生長激素，假如當時沒有注射生長激素的話，梅西的身高可能停在一百五十公分以下，如今官方公布梅西的身長是一百六十九公分，儘管並不高，但在醫學上算是正常範圍。

成煥的體型從醫學角度看來也屬正常。醫界認定的個子矮或身長不足，是低於標準身高的三％。事實上，身型高矮深受遺傳的影響，成煥父親的身高為一百六十五公分，成煥母親的身長為一百五十五公分，成煥為一百六十三公分，屬於正常範疇之內。

關於身材遺傳這部分，可以透過父母身高推算子女未來或高或矮。公式如下：男性是「父母的平均高度加上六．五公分」、女性則是「父母的平均身高減六．五公分」。

成煥和弟弟的預估身長為一百六十六．五公分，其推算結果十分接近他們兩兄弟的實際身材。

成煥的身型雖沒有矮到會影響日常或運動，不過依舊造成他巨大的壓力。**身高一百六十三公分的絕對數值究竟是高還是矮，這與其相對位置有關係。如果成煥生在歐洲國家，歐洲男性平均高度是一百八十公分，哪怕成煥有一百七十公分高，他也會和現在一樣有相同的煩惱。**

換言之，**成煥之所以感覺自己矮，是因為和同齡男性相比之下所致。**

遺憾的是，身材屬於「外貌」之一，若依循正常身高分布曲線，就有一定比例的人會矮於他人。現代年輕人的營養比過去的人好，促使體型絕對數值變大，但從整體來看，相對位置並未改變。這一點不論過去、現在、未來皆是如此。

曾有某節目的嘉賓說過：「長不到一百八十公分的男人都是魯蛇。」說出這句話的嘉賓或許是無心之言，又或是想炒話題，但觀眾嚴厲的譴責與抗議，最終使該節目挨罰。

藉由「矮個子的男人都是魯蛇」這句話，反映出身高對男性而言更為重要，以及女性大多偏愛高個子男性。然而，身材和人生成敗並無相關，因此，「一百八十公分以下的男人都是魯蛇」這句話是不對的。

根據統計資料顯示，有九〇％以上的男人，其身長都不到一百八十公分。因為身高沒達到前一〇％而感到羞愧，這未免過於殘酷。

除了「魯蛇之亂」外，還有一些令矮個子氣餒的都市傳說，其中最具代表性的就是「矮子休想談戀愛」。這件事和魯蛇發言是相同的概念，也同樣都是不正確的觀念。告白雖有可能因為身高被拒絕，但事實上，大部分不高的人都談過戀愛，且並不是所有女性都偏愛高富帥。

就像每個人喜歡的食物不一樣，每個人喜愛的身材範圍也不一樣。外表有社會共同的理想標準，而判斷長相的標準則存在於個人喜好之中。

最重要的是，戀愛並不是單純只看身型或其他的外在條件，中間還涉及其他因素。

矮個子的希望——增高手術

話雖如此，體型高矮對當事人來說，依然是非常大的壓力來源。如果得了軟骨發育不全症（Achondroplasia）這類疾病，就長不到一百四十公分高，矮小如侏儒，且還會影響到日常生活。

人的生長板一旦閉合，老天也束手無策。身高和能透過手術改善的其他外表部位不同，它幾乎是不可逆的。成長激素療法是目前最廣為人知的增高方式，但它卻對成人無效，因此，成年人身高問題被視為是無解的樣貌問題。

但是，並不是成年後就完全無法長高。牽引骨生成術（Distraction osteogenesis）又被稱為增高手術，是一種在腳彎曲或雙腿長度不一時所進行的手術，其也會被當成醫美手術，但因費用高昂與人為截去骨頭的風險等，並不普及。

雖說個子矮小會給人帶來壓力，且增高手術的安全性也較過去高，但大部分的人仍因擔心術後的副作用而不考慮動手術，整型外科醫生也盡量勸阻病患動刀。

如果有子女想割雙眼皮，有些父母會勉為其難的同意，不過，相較於其他整型手術，動增高手術的患者較少，大眾對此也較為陌生。

有些人不顧龐大的手術費用、他人勸阻，以及健康和運動能力的下滑，堅持要動手術，這是因為他們重視身型，有著嚴重的外貌自卑。

我曾聽說：「當全球暖化加劇，許多城市將會被淹沒在水中。」但這是未來的事，誰也說不準。同理，如果增高手術的安全性有所提升，隨著外貌至上主義日益高漲，說不定有朝一日會出現大量動這類手術的男性。

隨著時間流逝，當大家對增高手術就像割雙眼皮一樣熟悉時，就會有越來越多人跟進。不過，**儘管進行牽引骨生成術雖能減少身材所帶來的自卑心理，但情感上的變化可能沒想像中的大。**

05

有人和我一樣嚴重掉髮嗎？

最近，斗植照鏡子的次數大幅增加，他每天早上都會觀察自己的頭，不知從何時起，當斗植洗頭時，洗臉盆上滿滿都是他掉落的頭髮。每當他看見被吸入排水孔的頭髮，時常大吃一驚，馬上就聯想到他爸爸光禿禿的頭頂。

斗植的爸爸因為嚴重掉髮，會把頭髮梳過中線，遮掩閃閃發光的頭部。因為落髮的困擾，斗植不知不覺間養成了觀察別人頭髮的習慣，無論是上班路上、捷運上或是在公司見到同事時，他第一個注意到的就是別人的頭髮。斗植發現，四、五十歲的主管多少有些掉髮跡象，而三十多歲的男同事則髮量豐盈。

對此，斗植相當在意，隨著落髮情況惡化，他擔心同事（特別是女同事）會發現他禿頭，莫名變得沒自信。斗植煩惱了好一陣子，開始從網路搜尋掉髮、天然洗髮精、韓醫院、植髮、幹細胞……等關鍵字。

在醫學上，男性落髮有可能是疾病或老化。有統計數據指出，每四名五十多歲的男性就有一人會掉髮。雄激素脫髮症（Androgenetic alopecia）又被稱為雄性禿，是受到賀爾蒙與遺傳的影響。近來，雄性禿患者的年齡較過去下滑，推測是受到飲食生活與環境賀爾蒙等因素之影響。[7]

據悉，韓國有超過一千萬的人口有禿頭的困擾，其中女性掉髮的比率比想像中更高。[8] 因為雄激素脫髮症中也有女性雄性禿（Female androgenetic alopecia），只不過，女性和男性的症狀不同，女性大部分是從頭頂中間開始變得稀疏，但即使嚴重禿頭，也很少會看到頭皮。

外貌心理學認為，外型帶給女性的壓力大於男性，因此脫髮帶給女性更大的困擾，再加上有可能需要備孕，治療頂上禿的方法也因此受限。

女性雄性禿患者的另一個心理壓力是，很多人不知道落髮並非是男性專利，女性雄性禿也是很常見的，卻有很多人認為「掉髮＝雄性禿＝男性禿頭」，女性禿頭鮮為人知，甚至有些醫生也不知道有女性雄性禿。

會有這種現象的原因有二，首先，男性不論掉髮有無，都經常剃頭，但女性卻很難這麼做。其次，即使女性落髮，其脫髮量也比男性少，還有，女性對外貌很敏感，大多會進行偽裝，例如：戴假髮、燙髮、染黑頭髮等，降低了實際感受到的患病人數。

擺脫外貌不佳的孤立感

在考進醫學系之前，我曾煩惱：「有人和我一樣嚴重掉髮嗎？」當時我認識的人中，就屬我落髮最嚴重。我諮詢的脫髮療法中，有一個叫「**普遍化**」（universalization）**療法**，也就是藉由**醫生告訴諮詢者，許多人也曾經歷過他所承受的痛苦，好讓諮詢者藉此擺脫孤立感，這種方法對社會弱勢群體特別有效**。

像是掉髮等發生在身體外觀的疾病，都會威脅到人的外貌自尊，也會對心理產生重大影響。[9]

很多人因為無法接受鏡中的自己，害怕他人的言語和目光，不敢走出家門，外出時，會用假髮、帽子、妝容或長袖衣服隱藏生病的地方，因此，實際發病率會和感知上的有所差異。

假如是人際關係不佳的人，外貌孤立感也會變得嚴重。從疾病特性來看，很容易陷入惡性循環，因此，**擺脫社交孤立會是恢復自信心的第一步**。

外貌心理學指出，年紀輕輕就禿頭的病患，是導致外貌自尊心低下的變因。**有報告點出，脫髮症病患的外貌自尊較低，憂鬱與不安指數較高。**[10] 在我們周遭，經常可以聽到掉髮的人說他的自尊心受損。

學生時期，禿頭的老師會成為男學生之間津津樂道的話題，還會聽到像是「禿頭就別想談戀愛了」等傳言。此外，在電視、網路、YouTube 等大眾媒體上，也不乏有打擊脫髮症病患的言論。「落髮＝戀愛中不可克服的不利因素」看似合邏輯，但並非完全正確。

因為就像其他的自卑特性一樣，脫髮症病患大多也都談過戀愛。

每個人的興趣和在意的事都各不相同，同樣的，每個人對禿頭的接受程度也不盡相同。脫髮症可能是不利條件，但對某些人來說，掉髮並沒想像中的這麼嚴重。最重要的是，戀愛中還會考慮到其他的相貌部分，不單單只看有無掉髮，還有很多不涉及長相的要件，人際關係也並不會因「落髮」因素而受影響。

【看臉時代】

應對脫髮症，別信偏方

1. 接受專家治療

有些人開始掉髮時，會受到周遭的人的影響，而接受未經驗證的偏方等。脫髮症是很普遍的事，網路上也到處可以看到未經醫學實證的資訊。有相關的落髮症狀，就應該去找專科醫生。這雖是理所當然的事，卻最容易忽視。

2. 汲取正確知識

治療掉髮常被比喻為在頭上種田，不管是什麼類型的落髮，都是需要長期治療的慢性疾病，因此，掌握正確的脫髮知識會有所幫助。例如：治療掉髮的方式、其功效、常見的疑問（黑豆的功效、藥物何時候才會見效、藥物要使用多久、停藥以後會如何、坊間傳言對性功能產生副作用的真實性、植髮、新藥等），能讓對抗掉髮的過程更有自信。

3. 活用網路社群

如果是年紀輕輕就頂上禿的人，很容易因自信心受打擊而畏縮，若能和有類似困境的人交流，便可以減輕孤立感。

雖然社群之間有可能傳遞不正確的資訊，或是被用於商業目的，不過也能發揮降低社會孤立的作用。

06

酒糟性皮膚炎，永遠臉紅紅

二十四歲的姜勳，收到科技公司的面試邀請，不過他有個煩惱，那就是酒糟性皮膚炎（Rosacea）。

姜勳在國一的音樂課考試時，班上同學聽到音痴的他唱歌後，全場哄堂大笑，這也讓姜勳瞬間臉紅耳赤，相當難為情。從那次之後，每當他要在人前報告或發表時，就會滿臉發紅。

如果有人發現姜勳不對勁而對他說「你的臉紅得像番茄」，或是說「你是弘益人間」[11]，他的臉就會變得更紅。姜勳光是站在人前已經覺得很不自在了，但

11 韓文的諧音梗。弘益人間是韓國傳統教育與哲學理念，「弘」與「紅」同音，「人間」與「人類」同字異義，即笑他是紅通通的人。

他最大的壓力是，他無法控制自己的臉部反應。

不管是上課老師點名時、和異性對視時、和弟弟吵架時，姜勳的臉都會變得紅通通的，他暗自羡慕在任何狀況下，臉都依然如故的朋友們。

姜勳的外貌自卑並未隨著他上大學而有所改善。他的臉紅症狀依舊會在特定情況下出現，且在十分鐘內消失。以下五種情況會使他紅了臉：喝酒時、被人讚美時、對話時間變長時、講話聲變大時，以及上臺報告時。

每當發生上述這幾種情形時，姜勳的臉就會變得紅通通，紅得像關公一樣。姜勳看著鏡子裡的自己陷入思索，擔心面對面試官的提問，自己的臉又會不由自主的發紅。

醫學上指出，會產生臉部紅暈現象是因為血液流向面部的緣故，此狀態多半會在十分鐘內消失，不過，這已造成病患莫大的困擾。有酒糟性皮膚炎的人，在面對問題時，大多選擇咬牙撐過滿臉通紅和內心的難為情，而不是去醫院接受治療，並徹底將其根治。[11]

現在每個人都因新冠肺炎而戴上口罩，也許這一類的病患對此正暗自慶幸。

為了客觀研究酒糟性皮膚炎的症狀，有專家拍攝患病者的大腦情形，透過該影片能觀察到，**很多患者對臉紅的情狀感到恐懼，而且紅暈狀況其實並沒有當事人主觀認定的那麼明顯，也就是說，當事人覺得緋紅的範圍有一百分時，客觀上看來經常不到五十分。**

因為內心和外貌不同，所以病患在主觀上會感受到潮紅伴隨著其他症狀（心跳加速、盜汗、不安等），周圍的人則無法看到其內心，並感受其感覺。

另外，姜勳十年後仍然記得十年前音樂課考試的丟臉回憶，但大多數同學都記不起當時發生的事。當時同學們只看見了不會唱歌、臉紅的姜勳，感受不到他的忐忑、冒冷汗、顫抖、緊張、丟臉、害羞、發紅的雙頰等。

減少酒糟性皮膚炎的第一步是，把主觀的感受與實際情況分開，並掌握客觀情形。

若將心靈比喻為海洋，身體則是沙灘，那麼皮膚就位於這中間的交界處。皮膚是身體最前線，很容易被海洋拍打、晃動，但只要能調節內心的波濤，就能降低被動搖的機率。

07 別老覺得自己不完美，其實你怪美！

以下列舉一些常造成外貌自卑的身體部位及常見的症狀：

● **落腮鬍、汗管瘤、大頭、人中鬍、頸紋、烏龜頸**

濃密的落腮鬍，給人一種狂野、硬漢的形象。沒有鬍鬚的人或是鬍子短的人當中，有些人會考慮到形象問題而去植鬍；反之，也有人因過長的鬍鬚而煩惱。

有些人的眼角長了凹凸不平的汗管瘤，該疾病是因為汗腺管阻塞而引發，在患病的比例上，女性較男性高。

也有人因為頭比別人大而感到壓力；還有，女性的人中長鬍與濃眉，會給人男性化的感覺，從而不滿自己的臉蛋，就像墨西哥畫家芙烈達．卡蘿（Frida Kahlo）。頸紋與烏龜頸也是，雖然表面上看來並不明顯，但當事人卻會在意。

●白皙肌膚、古銅色皮膚

有些人不喜歡膚色太白，會刻意將其晒黑，也有些人因為肌膚比別人深而自卑，尤其是皮膚顏色較深的人，可能還會被取難聽的綽號。

●招風耳

耳朵是五官中較不容易受到關注的部位。當我們回想起某人時，往往會先想起對方的長相，很少會想起他的耳朵長什麼樣子。不過，耳朵始終是五官之一，有一對招風耳的人也會因此備感壓力。

●結膜痣、淺眉、稀疏的睫毛

有些人的眼睛裡有痣，有可能是結膜痣，大部分會影響到美觀。

眉毛對人的印象來說，有著重要的作用，因此，現今紋眉的人越來越多。

睫毛也會影響到眼睛的魅力多寡，愛化濃妝的人會有掉睫毛的問題，即使情況不嚴重，當事人也會因此變得沒自信。

● 大鼻孔、朝天鼻

鼻子位於臉部正中央，給人的印象很深刻，這也是為何很多人選擇整鼻子。不過，有些人的壓力來源不是鼻子而是鼻孔，像是大鼻孔或是朝天鼻，如果影響過甚的話也會考慮整型。

● 微笑時露出牙齦、黃牙

微笑時會露出過多牙齦的人，在笑或拍照時，會用手摀住嘴。有時，若因對牙齦的自卑過於嚴重，可能還需要接受醫美手術。

一口白牙能讓笑容變得更燦爛，有一口黃牙的人會透過牙齒美白改善，但其實會在意牙齒顏色的人只有自己，因為我們每天都會刷牙，所以更常觀察自己牙齒的顏色。

● 肩膀比體型窄或寬

「窄肩人」指的是肩膀狹窄的人，這個詞對男性而言可能暗藏貶義；反之，「太平洋肩膀」或「肩膀流氓」指的是肩膀寬闊的人，寬肩不僅是健康身體的象徵，更是男性希望給人的形象，不過有時擁有寬肩膀的女性會為此感到煩惱。

● 過大或過小的腳、過細或過粗的腳踝、手臂、小腿

腳的尺寸大致與身高成正比，腳小的男性買鞋時，很難買到合適的尺寸，會因此感到壓力。相反的，女性會因為腳太大而羞愧，所以有些女性會故意穿尺寸小一點的鞋，或是排斥在公共場合脫鞋。

也有些女性因為腳踝、手臂與小腿相對較粗而感到沒自信，或是不穿裙子。反之，男性會很在意自己過於纖細的手臂或小腿。

● 高個子

「身高自卑」經常會被認為是矮個子的專利，實際上，有很多女性承受著身材壓力，長得高也有可能成為困擾的原因。

有不少身型超過一百七十公分的女性和身長超過一百九十公分的男性，希望自己「個子能矮一點就好了」。

●瘦小身材、發達的肌肉、小胸、大胸、窄骨盆

男性們的理想身材是高大、壯碩，有很多瘦弱的男性不滿意自己的體格。有些人認為，男性的肌肉越多越好，而女性則是要有穠纖合度的身型。

所謂的「結實運動」熱潮已經過去，現在擁有適當的肌肉是最好的，但女性若像男性一樣有著過度的肌肉，卻會被認為是不合宜的。

有些女性因為胸大而接受縮胸手術，有些女性則因胸小而進行隆乳手術。

綜合以上幾個例子，可以得知外貌自卑會發生在身體各個部位，而且是相對性的，**某人身上的缺點，對他人來說，可能什麼都不是。也就是說，小時候覺得很厭惡的部位，有可能隨著年齡的增長而轉變成優點。**

當事人之所以無法客觀看待自己的不足之處，是因為自己長時間和自身身體相處的緣故，當你對某些身體部位產生心理自卑時，也意味著你很關心與愛護自身。

第5章

看臉的時代，外貌自信得這麼來！

外貌自尊低的人具有的共同點是，有許多讓自己自信心低落的壞習慣。有些是周圍的人能清楚看見，但當事者卻沒能意識到的，有些則是大多數人都沒能察覺的。

有句韓國俗語說：「朝無底的甕裡倒水。」與其在水缸沒有底的情況下繼續倒水，不如先修好它才是更有效的解決方法。同理，若想改善外貌自尊，首要之務是先了解自己的問題所在與其嚴重性。

即使同樣是外貌自尊五十分的人，每個人有瑕疵的地方也不盡相同。如果耗在社群媒體的時間過長，那麼問題可能出在習慣與他人比較；如果愛吃宵夜和零食，那麼麻煩可能是飲食習慣。

確認哪裡出了問題後，就應該要制定改善計畫，這時要注意的是，必須訂出能實踐的具體計畫，且身體力行。不管有多好的工具和材料，如果不親自執行，自尊心問題永遠無法改善，所以最好不要拖延，要盡快實踐。

若能早日改善對顏質沒自信的問題，就能擁有更高的外貌自尊心。

01

掙脫慣性比較

習慣性比較外貌是低外貌自尊者的不良習慣之一。較量有正面功效，而且要人完全不相比是絕對不可能的，但低自尊心的人愛用不公平、殘忍的方式進行較勁。

他們對照的對象，往往是身邊顏質最出色或是社群媒體上的「臉蛋天才」，他們會拿自己的缺點去和別人的優點做比較，試圖把自己逼到絕境。例如：「我的皮膚是所有人中最差的」、「我的鼻子比每個人都還塌」等。

會用社群媒體的人，大多對自己的長相有自信，就算不和那些網路上顏質逆天的人一較高下，也會和日常生活中經常接觸到的廣告、時尚雜誌封面上的模特兒比個你死我活。

不過，那些模特兒大多面容出色，準確來說，他們就是因為長得好看才有辦法登上封面，所以從一開始就不該和他們較真。

外貌自尊低的人不會意識到較勁這件事，又或是管不住比較的心理與自我貶低的習慣。在無止境的外貌較量中，他們屢屢受挫，再也無法承受羞愧與嫉妒，因而注意到網路或實體的整型廣告，把一切失敗歸咎於相貌，最後去醫院整型。

我也有過慣性比較的時期。我大學時一直重考，認為只要能讓我考上醫學系，我願意吃任何苦，但事實並非如此。重考的學業壓力依然非常大，我的外貌自尊也仍舊很低。

我的自信心之所以消極的理由很簡單。我會不自覺和身邊的醫學系大學生較量，比到我變得自卑。我最後成為精神科醫生，醫院裡有許多比我卓越的同事，但我現在不再頹喪，還學會了擺脫慣性比較的心理技巧，也明白客觀模樣並不能決定我對長相與自己的滿意度。

我偶爾還是會跟別人相比較，完全不比較根本是痴人說夢，不過，從理論上來說，甩開自暴自棄最有效的方法是，減少與他人的計較。

【看臉時代】

明星變美的代價，超乎你想像

1. 填寫屬於自己的履歷

填履歷表時，多數人會和年紀、性別、背景相似的人做對比，也有人會計較自己重視的事。[1]比方說，我們在國、高中時期，會和同儕比成績、比美醜，上了年紀成了上班族，或是年過三十、四十之後，重視的事則會變得不同。

社群媒體的發展，改變了人們的比較傾向。在沒有社群媒體之前，人們的較量範疇只會發生在自己的活動範圍內，自從有了社群媒體，人們可以和任何人相比，還有，社群媒體不同於電視、雜誌、報紙等平面媒體，它促進了人與人之間一較高下的頻率。

因為頻繁使用社群媒體，增加了人們之間較勁的次數，致使人們對外表不滿意度變得更加嚴重。

想改掉慣性比較的最大困境是，每個人都會不自主的與他人計較，且當事者很難察覺自己正在做此行為。大概是因為如此，多數外貌自尊心不足、愛上社群媒體的人，都沒有意識到自己正受慣性比較的影響。

我介紹一個有用的方法，那就是「掏出大腦」，意思是讓問題「可視化」，就像左頁表5-1一樣，把腦海中閃過的想法化為文字，就能清楚察覺自己習慣比些什麼。

2. 培養正念認知（Mindfulness）

除了社群媒體之外，還有很多會讓人陷入自卑心理的媒體，像是時尚雜誌、廣告，以及各類文宣物品，因此，無法單從網路加以防範，另外，在人潮眾多的捷運站等，也會一直比來比去。

此時，你必須了解以下兩點：

第一，帥哥美女是稀有的。你必須認知到會出現在電視、廣告與時尚雜誌的人，還有訂閱人數高的美妝與時尚YouTuber，以及粉絲人數多的網紅等，都是擁有相當於藝人般外型的少見之人。

第二，能登上雜誌封面的人，其顏質必定不簡單，而他們投資在外

▶ 表5-1　利用表格，將內心的想法可視化

比較的對象	想法	對於外貌自尊的打擊（-100～0）
大學同學 金○○	他的皮膚變好了，我要不要也去看皮膚科？	-20
美容 YouTuber ○○○	她好漂亮……我也想擁有那樣的面容，長那樣好像真的會過得很幸福。	-10

表的費用與時間也相當驚人。無論是對造型穿搭、髮型、妝容的關心程度，還有維持相貌的費用等，都所費不貲。

他們上傳在社群媒體上的照片，通常都是拍了數十張之後，從中挑最好看的一、兩張上傳。

經常更新社群媒體大頭照的人，投資在樣貌的時間是普通人的平均之上。他們在千挑萬選無數照片後，把大頭照換成自己的美照，並花大把時間瀏覽他人的相片，是一群對面貌極感興趣且稍有自信的人。

以下提供大家幾個轉念的想法，以免一直跟外貌出眾者比較：

方法一：認知到男神女神在現實中並不多見。

多數人有過類似的記憶——被爸媽拿去和朋友的「模範兒女」做比較，心情很差。和他人的模範兒女較量一事，打從一開始就錯了，「模範兒女」，顧名思義是少之又少的模範生，大部分的人都無法達到他們的水準，較勁只會產生不必要的自愧與自我否定。

同理，和「臉蛋天才」對比顏質，從一開始就不對，從特性上來說，長相本就無法改變，就算變動了也是有限度的，越比越有可能變成「外貌自卑」。

例：

●「那個人真的長得好好看，但那種優秀的臉蛋天才是很少見的，我雖然沒有那個人長得漂亮，但也沒有關係。」

●「很少有像那個人一樣長得這麼好看的人，擁有那樣容顏的人不到一〇％，我不用覺得有壓力。」

如果想改善負面思維，就要先學會自我尊重。因為外貌自尊是發自內心對自己的尊重，就算過去一路被拿去和模範生較量，我們也要學會敬重原本的自己，比不贏也沒關係，只要能尊敬自己是個獨立個體，就能擁有高度的外貌自尊心。

方法二：察覺到他們對外表的鉅額投資，還有挑照片上傳的時間。

如同以古羅馬時代為背景的電影中，常出現競技場上的角鬥士穿戴頭盔與盔甲，高舉刀與盾和對方進行決鬥的場面。同樣的，在不得不比較的情況下，我們至少要在公平的條件下較勁。

社群媒體網紅平時努力不懈的保養臉蛋、化全妝、穿昂貴的衣著，還透過強大武器「Photoshop」加工照片。如果你和這些照片比較，就像是把一個拿刀的人派去和一個拿槍的人對決，擺明是以卵擊石。

例：

- 「那個人的職業很重視相貌，從一開始投資在長相上的時間與金錢就比我多，所以我和他計較容貌是不合理的。」
- 「那個人拍了超多張照片，只是從中挑出好看的上傳罷了，把別人萬裡挑一的照片和我的普通相片相比，是說不過去的。」

方法三：提高生活動力

不是每個外貌自尊高的人都對面容感興趣，有些人看見別人長得好看，也不會因此動搖或羨慕。這些人保持高度自信的訣竅是，**把別人投資在外型的時間與能量，花在自己認為是重要的事物上**。

他們非常清楚自己什麼時候最耀眼，常做一些能傾注內心能量的有意義事物，像是全心投入研究實驗的科學家、滿懷雄心壯志征服高山的登山客、在偏鄉照顧病人的醫療人員等。

這些人因為找到了某些能讓心靈滿足與感到幸福的事物，會把用在比較的能量轉換成生活動力，對他們而言，外表就變得微不足道。

有些提高外貌自尊的方法是改變思維和技巧，換言之，有些辦法需要身體力行才能發揮效用。因此，縱使計畫再出色，如果不付諸行動，就無法支撐搖搖欲墜的自尊心。最重要的是，制定合乎實際、具體且能立即實踐的方案（見下頁表5-2）。

▶ 表5-2　建立外貌自信實踐計畫表

內心感到滿足的情況	活力指數（1～10）	把負面能量轉化成生活動力的具體實踐計畫
旅行	8	歐洲旅行 （一週內的實踐機率為 0%）
足球、自行車、保齡球	7	加入同好會，每週末運動 （一週內的實踐機率為 80%）

02 外貌歧視妄想症

在《我的ＩＤ是江南美人》中，都炅錫在國中時，曾看見跳舞的美來，當時他覺得美來跳舞很可愛便笑了笑，但是美來因為有過被嘲笑長得醜的經驗，所以覺得都炅錫和其他男同學一樣，都是在嘲笑她的長相。兩人成為大學生後，透過回憶高中時期的故事，這才消除先前的誤會。

在外貌自尊低落的狀態下，人們容易曲解所有和外貌有關的情況，導致當事人出現「被害妄想」，即使是沒有必要感到心理自卑，也會因此感到自責。

從以下十三種事例中能看出，遇到外型有關的情形時，若按主觀、客觀思維各自解釋外貌的話，將會產生什麼樣的影響。事例中的「想法二」，代表對當下狀況做了最負面的解讀，並將焦點集中在缺陷上，把外表當成唯一原罪；「想法一」則區分了客觀事實與主觀感受，並加以思考。

外貌自尊高的人，其思維習慣接近於「想法一」；外貌自尊低的人，其想法則近乎於「想法二」。請大家邊讀邊想像，自己遇到相同情形時會怎麼想，如果出現負面思想，就想一下何為負面思慮的根源吧！

● 範例一：身高一百六十一公分的男性向女性告白，但被拒絕了。

想法一：她拒絕我的原因，有可能是因為我矮，但也有可能與身高無關，每個人或許都會告白失敗。

還有，就算她說她討厭矮男，也不代表其他女性就和她一樣，大部分的矮個子都不是單身。

想法二：哈比人果然沒人愛，矮冬瓜是魯蛇。

● 範例二：在大學的迎新會上，學長們給身材纖細的女同學手機號碼，並說：「我請妳們吃飯，有空打給我。」反之，我從小就被笑胖，乏人問津。

想法一：我心情並不好，老實說，我希望學長們也能請我吃飯，但客觀來看，我不知道學長們不接近我是否是因為我的樣子，而且沒被請吃飯的又不只我一人，一頓飯而已沒什麼大不了，我的心緒雖然不好，但其實也不是什麼天大的事。

想法二：女人真的胖不得。

●範例三：我在學生餐廳排隊候餐，有兩個男大學生看著我偷笑，這使我回想起國、高中時，被笑醜妹的回憶。

想法一：他們對著我笑，是有什麼有趣的事嗎？是他們正在聊有趣的話題，與我偶然對上眼？還是看到我的臉才笑的？雖然有點擔心，但沒什麼大不了的，客觀來說，我並不知道他們的談話內容，就算是在批評我，也不值一提。

想法二：雖然跟他們離得很遠，聽不清楚他們的對話內容，但他們一定是在笑我醜，總覺得他們說的一定不是好話。

●範例四：平常不滿意自己容貌的女性，連續兩次面試被淘汰，不過她的在校成績和多益分數等，在眾多應聘者中都是名列前茅的。

想法一：因為面試的公司沒告訴我原因，所以我並不知道為什麼沒被錄取。我想可能是因為顏質，上一次面試不合格大概也是如此。不過客觀而言，我並沒有聽見淘汰我的真正原因，所以也有可能不是外型的關係。沒時間想這些了，要好好準備下次面試。

想法二：面試被刷下來一定是因為容顏，以前大學入學的面試也有過類似的經驗。人果然不能長得醜，一定是因為我的單眼皮，還有殺氣騰騰的長相，都怪爸媽生給了我這張臉……。

● 範例五：平常對相貌沒有自信的女性，在路上被同好會的人告白。

想法一：那個人喜歡我哪一點？

想法二：我長得平凡無奇，為什麼要向我告白？會不會有其他意圖？是在開玩笑，還是在試探我？

●範例六：好久不見的朋友（公司同事）說：「你最近看起來氣色不錯，很圓潤。」

想法一：最近保養臉蛋有成嗎？

想法二：意思是我變胖了嗎？

●範例七：時隔七年才量體重，量出六十二公斤。

想法一：以我這種身高，其實理想體重要低於六十公斤才行，可是最近太常聚餐讓我變胖了，要好好控制身材了。

想法二：完蛋了啦！我這種身高怎麼可以超過六十公斤，我已經完蛋了。

●範例八：下課後，我找教授問問題，教授表情不悅，語氣也不好，我想起上週某個漂亮的同學提問時，教授笑著回答的模樣。

想法一：教授今天是不是身體不舒服？我不舒服時，表情和語氣也沒平常柔和，我應該體諒教授，忘了這件事。

想法二：沒想到教授竟然也會歧視外貌。

● 範例九：去相親了，感覺彼此很聊得來，但對方一直沒有約下次見面。

想法一：雖然彼此很聊得來，不過回家後就沒有後續了，有點遺憾，但相親成功率本就不高，很難雙方第一次見面就看對眼。

想法二：是因為我顏質的關係，所以才不約第二次見面的吧……。

● 範例十：我額頭上有疤，第一天上班，很擔心公司同事會有什麼反應。

想法一：傷疤在臉上，很難不被發現。同事們都是第一次見面，會好奇是很正常的事，他們盯著我看不代表他們討厭我，只是因為初次見面覺得陌生，日後漸漸就習慣了。

想法二：大家只會盯著我的傷疤，也會有人嘲笑它，才不會有人歡迎我。

●範例十一：一位身高一百六十公分，體重八十公斤的女性在路邊攤吃魚糕，和男性路人四目相交，對方面無表情的走掉。

想法一：啊，對上眼了。

想法二：他好像覺得我這個女的動不動就在吃，難怪這麼肥。

●範例十二：BMI值三十五的男性上了捷運，正好看到有空位便坐了下來，正好坐在旁邊的女性起身，而她卻在兩站後才下車。

想法一：她為什麼這麼早站起來？是因為我坐下太擠才站起來的嗎？但客觀而論，我並不確定她站起來的真正原因，我偶爾也會提前兩站起身等下車。

想法二：是因為我太胖、太擠了才站起來的嗎？

● 範例十三：洗完澡後照鏡子。

想法一：雖然青春痘沒有好轉，但雀斑淡了許多，大概是因為運動的關係吧，手臂和腿好像也變結實了。

想法二：痘痘有夠礙眼的，要不是青春痘，我就……。

【看臉時代】

因外貌自卑而受的傷，怎麼修復？

1. 認知脫鉤（Cognitive defusion）

人們通常認為自己的想法和感知與眾不同，且深信自身的直覺，儘管過去有出錯的經歷，但事後回想起來，必定也只會覺得自己所想是正確的事實。

然而，若是在**與長相相關的情況下，套用「腦海浮現的想法＝事**

實」的刻板思維，就會威脅到外貌自尊，尤其是自尊心匱乏的人，在遇到與外表有關的狀況時，大多時候都會出現負面想法。[2]

其實，這本與美醜無關，是低外貌自尊者本身有所曲解，並說服自己接受錯誤思想，而這種想法是傷害自信心的幫凶。

例：

- 「如果我跳舞，同學一定會笑我又胖又醜。」

↓我產生了「如果我跳舞，同學一定會笑我又胖又醜」的思想。

認知脫鉤能讓人避免獨斷，不會馬上認為「想法＝事實」，會退一步思考，不會把「如果我跳舞，同學會嘲笑我又胖又醜」，認定成「肯定」的事實，而會視為是一個「想法」，提供事後判別真偽的機會。

2. 製作供檢查正負面思維的圖表

對長相沒信心的人，過去確實有不少被人批評外表的經驗。[3]他們之所以用負面思維解讀，也許是因為小時候被某人批判過顏質所致。

隨著年紀的增長，評判他人外型的頻率必然會減少，不過，過去因相貌受的傷可能會永遠停留在記憶中。如果當事人能把這些回憶，看待成像手臂上的卡介苗痕跡一樣稀鬆平常，那就太好了。

然而，如果現在還留有當時的記憶，就會妨礙當事人恢復外貌自尊。**在記憶模糊時，人會把受傷的責任怪罪到外貌上，並慣性曲解他人的想法，這會妨礙人際關係、消耗自我能量。**為了恢復自信心，我們要把能量放在當下，而非過去。

若想改正消極的負面思考，就需要客觀的審視自身。缺乏客觀的思慮，就有可能出現認知脫鉤。

第一六四頁表5-3有助於各位分析，當遇到有關樣貌的狀況時，自己將會如何思考，完成該表格就能客觀檢視自身的主觀想法。

兒時總喜歡批評他人長相，那是因為大腦額葉尚未發展成熟，隨著年齡增長，額葉漸漸成熟，雖然還是會貶低他人的容顏，但次數必然會隨之減少。因此，在檢討自己的慣性否定思想時，就算真的發現他人批評自身外觀，也無須太受傷。

即使自己的負面揣測不是事實，只要能發現原來對方不是論斷自己的臉蛋，而是自身的思維出了錯，就能逐漸恢復外貌自尊心。

大家或多或少都曾因長得不好看問題而受傷，多數人即使受到傷害，也會用自己的方式恢復自尊心。雖然過去的痛苦依舊存在，但只要努力，就能減輕過去的難受記憶。我們雖無從改變過去，但絕對能改變外貌自尊。

▶ 表5-3　協助自己客觀的檢視想法

和外表有關的情況	當時的思維	深信那個思想是正確的原因	認知脫鉤	那個思慮是真的機率（0～100%）
在補習班和一個男生對視，他對我笑了。	好像是在笑我醜。	國、高中時，常聽到有人說我醜。	我覺得那個男孩「因為我長得醜而笑我」。	不是100%，我沒直接問過當事人，所以無法百分百確定我的想法是對的。
在跳舞時，我和都炅錫對視了，他對我笑。	在嘲笑我的長相。	我有被其他男生嘲笑過長相。	我覺得都炅錫「因為長相嘲笑我」。	50%。都炅錫平常不會嘲笑別人的長相，最重要的是，即使別人那麼做，他也不會那樣做。

03 一天當中你花多少時間照鏡子

照鏡子是每個人一天中都會做的事，就算有人不在意外型，早上外出前和晚上洗臉時，還是都會照鏡子。

白天我們大多在學校或公司度過，無論刷牙、如廁或洗手，都會照鏡子，對普通人來說，鏡子的存在價值非常簡單，是人類用以確認基本的臉部清潔狀況的工具。

如果照鏡子的次數少於普通人，可以合理懷疑是因為自信心不足，導致無心力照鏡子，或是害怕自己的模樣而刻意迴避。

鏡子對在意顏質的人很重要，這些人會在公司洗手間拿小鏡子或利用手機螢幕整理瀏海。用鏡子檢查長相的行為，其意義形同掐自己的腰間贅肉、確認手臂粗細、用卷尺量大腿圍等。雖然他們照鏡子的時間比不在意面容的人長，卻不會超出適當時長。

不過，有一部分人擁有的鏡子數量和種類比別人多，停留在鏡子前的時刻也比別人久，且會因此影響到日常生活，例如：遲到、不開心等。

外貌自尊低的人在照鏡子時，也許會出現所謂的「好鏡子」（把我照得很好看的鏡子）與「壞鏡子」（把我照得很難看的鏡子），但他們使用鏡子的頻率就跟呼吸一樣，大部分的人都不會察覺到這個問題，所以要掌握其問題本身本來就非常不易。

鏡子的表面會映照出容貌，**照鏡的習慣則會反映出一定程度的外貌自尊**。害怕看見、迴避不看或斜眼看鏡中的自己，會因為無法正確認識自己的面孔，而加深不切實際的恐懼。反之，如果因為太過自卑而過度檢查某個部位，雖然看似能降低眼前的不安感，但實際上則會加重心理壓力。[4]

經常看鏡子，會使大腦的體覺皮質（somatosensory cortex）過度處理對長相的資訊，導致我們總是把相貌缺陷掛在心上，浪費不必要的時間。有時，甚至會影響到其他日常事物。[5] 照鏡子的習慣和其他習慣一樣，應適可而止。

【看臉時代】

表情比外型更重要

下頁表5-4可以分析個人的照鏡子習慣，包括擁有多少面鏡子、看鏡子的時間，以及鏡子對我產生的影響，完成表格後，就能清楚認知到自己的照鏡傾向。

外貌自尊也會影響表情

大多數對容貌缺乏自信的人認為，唯有改變樣貌才能改善外貌自尊，深信好看的顏質能提高自尊心、改善人際關係，甚至是提升生活品質。他們認為臉蛋是決定自信心多寡的必要條件，而這種假設是可逆的，也就是說，外貌自尊也會體現出外型。

外貌自尊心雖然不易顯現，不過自我內心對外表的評價，會反映在肢體動作與臉部表情上。

▶ 表5-4　藉由表格分析照鏡子的習慣

鏡子數	使用次數／時間	使用目的	心情變化（-10～10）	對我產生的影響（-10～10）
2個（洗手間的鏡子、隨身鏡）。	一天5次／5分鐘	檢視儀容	0	5（能幫助我檢視儀容。）
4個（洗手間的鏡子、全身鏡、隨身鏡、手機鏡頭）。	一天20次／1小時	檢視外貌	-5	-2（沒有幫助，照完以後總是會想著鏡子的自己，心情很差。因為照鏡子，上學遲到。）

一個相貌平平但外貌自尊高的人，會散發出一種獨特的魅力，吸引周圍的人。反之，**對外表感到焦慮不安的人，會認為「別人都在看我（的樣貌）」，而陷入自我意識過剩，認為他人時時刻刻都在評價自身的想法，會導致臉部肌肉緊張，表情變得僵硬，流露出難以親近之感。**

上述情形是長時間造成的，而當事者往往沒有認知到自己的防禦性表情，這會讓周遭的人不敢親近他。

掌握表情習慣的方法非常簡單，就是問問周遭的人，自己平時呈現何種神情。如果不想問，就看一下自己的畢業照或舊照片。

有研究結果揭露，畢業紀念冊裡的樣子預言了未來的幸福度，由此可見，江山易改，「表情習慣」難移。[6]照片中的你，是什麼模樣呢？

在漢字中，「表情」這個詞是外表的「表」與心情的「情」的合成詞彙，意指表露於外的心情。

如果把「表情」直接想成是「心情」（mood），就能容易理解。憂鬱的心緒會像戴上墨鏡，讓全世界黯淡無光。心情是主觀情緒，但我們能憑直覺感受到他人是否憂鬱，其會反映在外表上，例如：眉間的皺紋、低垂的肩膀、暗色系衣服與沒有生機的表情等。

因此，透過觀察人的各種神色，我們能推測出他人的憂鬱指數多寡。精神科醫生維克多．弗蘭克（Viktor Frankl）在奧斯威辛集中營時，每天都會刮鬍子，是因為他知道，外貌自尊會反映在長相上。

如前所述，肢體動作與表情都蘊含著心情。

試著回想一下，你人生中覺得哪些朋友或同事很有魅力，或是單純長得好看，還是有其他讓你覺得和他在一起會很開心的人等。

擁有漂亮、帥氣神情的機率高於擁有好看的容貌，**表情比外型更能反映一個人的外貌自尊高低。**

表情習慣會映照在微笑中

眾所皆知，笑容對人際關係與健康有益，有研究表示，微笑能分泌出使人開心的血清素。[7] 笑顏可分成兩類，其一是根據情況發自真心的「杜鄉的微笑」（Duchenne smile）[12]，另一是皮笑肉不笑的「官夫人微笑」

（Pan Am smile）[13]。

勉強擠出的笑容看似對健康沒好處，但事實並非如此。相關研究結果指出，官夫人微笑也有助於健康，臉部反饋假說（Facial feedback hypothesis）可說明其原因，情緒會觸發表情，同樣的，表情也會觸動情緒。[8]

臉部肌肉和心臟肌肉不同，能按當事人的意志進行調節，這表示我們能透過訓練改善神情。刻板觀念把笑容視為無意識的被動行為，這有可能妨礙微笑訓練。

到目前為止，大部分的人只有在高興或覺得有趣時才會笑，而有意識的發笑可能只是出自禮貌的笑。也許我們的偏見——發自內心的笑是才是好的，故意的笑是不好的，正是來自這樣的經驗。

即使你目前為止都是在愉快的情境下微笑，但從理論上來看，刻意

12 命名自法國生理學家杜鄉（Guillaume Duchenne），指不能以意志控制的微笑。

13 通常是指禮貌性的微笑，比較不屬於發自內心的笑容。

的笑也是有助益的。我們當然不能說「一笑百病除」，不過，若**持續進行微笑訓練，你的臉上也能出現高外貌自尊者才會有表情**，這就好比舉啞鈴會讓肌肉變得結實一樣，練習開懷大笑也能讓我們臉上出現迷人的神色。

以下列舉幾個，透過微笑訓練能練出的臉部代表性肌肉：[9]

- 顴大肌（Zygomasticus major muscle）：燦爛微笑的功能。
- 小顴肌（Zygomasticus minor muscle）：微微一笑的功能。
- 提口角肌（Levator anguli oris muscle）：揚起嘴角的功能。
- 笑肌（Risorius muscle）：像製造酒窩般，具拉提嘴角的功能。
- 提上脣肌（Levator labii superioris muscle）：大笑時使上脣提拉的功能。
- 眼輪匝肌（Orbicularis oculi muscle）：移動眼瞼的功能。
- 口輪匝肌（Orbicularis oris muscle）：表達愉快與笑容的功能。
- 頦肌（Mentalis muscle）：笑的時候張開嘴脣的功能。

縱使只休息一個星期，四肢肌肉會因不運動而變得鬆軟，同樣的，長時間不使用臉部表情肌肉，神情就會變得僵硬。熱愛舉啞鈴、跑跑步機固然好，但也別忘了檢查一下自身面部情形。

【看臉時代】

填寫表情習慣表

大部分的人都排斥做微笑練習，如果你也是如此，起碼透過下方表5-5分析一下自己的表情習慣吧！

「我是不是在不知不覺間皺著眉頭」，檢查一下「我一天笑幾次」，有些外貌自尊低的人一整天都沒笑過。

▶ 表5-5　檢視自己的微笑習慣表

日期	微笑次數／日	引發微笑的情境	我所想的我的表情
2022年5月1日	1次	職場主管的玩笑話。	露出微笑，但臉部表情有點僵硬。

04 為了瘦身而運動，更焦慮

有些人有強迫症，必須鞭策自己運動，這反倒成了他們的焦慮來源之一。前者和後者乍看之下有著天壤之別，後者可以說是非常自律，且徹底管理體態的人。但實際上，在健身房舉著啞鈴的人，可能有嚴重的外貌自尊問題。

所謂「魔鬼身材」指的是有S曲線或是有著六塊肌的身型。外表是天生的，好看的體態則需靠個人後天的努力，因此「魔鬼身材」相當於是認可了當事者的努力，韓國掀起的健身熱潮也與此有關。如果說，女性有「必須瘦」的壓力，最近的男性則有「必須增肌」的負擔。

常上健身房報到的肌肉男，看似有很高的外貌自尊心，很容易誤以為他們的自尊心就像他們結實的二頭肌和股四頭肌一樣健壯，而身材瘦小的人以為，健身男是集健康、顏質、外貌自尊三者於一身的大贏家，但某些肌肉男的自信心可能早已跌落谷底。

男性在身型上受到的壓力雖少於女性，但肌肉量和身高則是男性少數感到自卑的部位。為了改善弱不禁風的體格，男性忍受肌肉細胞被撕裂的痛苦，掙扎舉起沉重的啞鈴，但手臂並沒有因此變粗壯。

在剛開始健身的幾個月裡，男性吃著雞胸肉和補充蛋白質的保健食品，同時搭配無氧運動，但看到周圍的肌肉男時，立刻就感到無地自容，並認為服用保健食品根本沒有用，在一陣天人交戰之後，最終被類固醇誘惑。

換言之，就像減重的女性不改善飲食習慣，也不運動，而選擇吃減肥藥一樣，為了達到理想樣貌而選擇走捷徑。「偷吃步」得來的肌肉或許能帶來暫時的心安，但這份滿足感並不是建立在堅固的外貌自尊基礎之上，因此很容易就會崩潰，且被恐懼反覆折磨。

故而，不知何時起，**他們一不運動就會感到不安，他們運動的目的不是為了健康或練身材，而是因為不運動就會感到痛苦與焦慮。**

大家應該都曾看過健美先生吧，他們的體態超越了「肌肉男」變成了「怪力男」，雖然一方面覺得那種身型很了不起，一方面認為過了頭，甚至有點噁心。

打造出手臂暴青筋的怪力身材祕訣之一是類固醇。據說，不少健美先生都會服用類固醇，棒球選手貝瑞・邦茲（Barry Lamar Bonds）之所以能刷新美國職棒大聯盟全壘打紀錄，也是因為這個「魔法藥物」。

類固醇是禁藥，職業運動員被禁止服用的原因大致有二。第一，類固醇會讓當事人的運動能力超出常人的極限，這是它與合法性藥物的關鍵差異；第二，是要保護運動員。舉例來說，考生服用B群的話，頂多是幫助他發揮既有實力。B群沒什麼副作用，但類固醇對全身上下每一個部位都可能產生副作用，因而被列為禁藥。

肌肉上癮

在身體畸形恐懼症的子類型中，有一種叫肌肉上癮（Muscle dysmorphia）的疾病。這類型患者的實際身高並不矮，但他們會覺得自己的肌肉量不足，進而強迫自己運動。

他們和進食障礙症患者面臨同樣的問題，那就是意識不到自己生了病，更可怕的是，這些人的身材非常健壯，因此，不會被周圍的人叫去接受治療，有可能放任他們繼續在健身房做運動。

在健身房努力不懈的人中，有外貌自尊高的人，也有外貌自尊低的人，難以從他們的外型上加以區分，能分辨他們的不是啞鈴的重量或二頭肌的結實程度，而是一致性。

除了外表之外，外貌自尊健康的人會注意全身各個方面（健康、功能等），他們即使不滿意自身形象，也不會服用類固醇或利尿劑，會選擇對身體無害的方式來改善自卑部位。這是因為他們意識到，**對長相的尊重源自於對身體的尊重**。

每個人運動的目的都不盡相同，煩惱身型瘦弱就到健身房舉啞鈴；擔心體重過重就做有氧運動；受腹部贅肉困擾就增加空閒的散步時間。

運動的人都有共同的目標，那就是增進健康。不管手臂或粗或細、有無腹部贅肉，運動時一流汗就有種變健康的感覺，心情也會變得愉快，而外貌自尊健康的人絕不會做傷害身體的運動。

不過，也有不這麼認為的人，就像有些男性執著於肌肉型體格，追求纖細苗條的女性會過度運動一樣。因為他們具有完美主義傾向，會把焦點徹底放在體重與體型上，當減重速度比別人快時，就會感到高興。

問題是，縱使他們強迫自己運動，讓實際體重產生變化，但外貌自尊心的上升幅度也小於期待值，從長遠來看，只會讓相貌和自尊心雙雙受損。

顏質無法決定外貌自尊，主觀的認知、健康與日常的喜悅，更能影響一個人的自信心。**有研究結果點出，為了健康或快樂而做的運動，對外貌自尊的幫助大於為了使長相好看而做的運動。**[10]

逼迫自己的外貌要變得完美，其壓力很難讓人滿足於自己的外貌。

【看臉時代】

你要運動，但不能只為好看而動

1. 對提升外貌自尊無益的運動

運動到受傷的程度、沒有適當的休息或營養攝取不足、只顧著運動、為了吃而運動、傷害自己的運動、為了運動而放棄其他重要的事

（戀愛等人際關係、職場生活）、被內疚或羞愧感折磨的強迫性運動、為了拍身材照而臨時抱佛腳的運動，以及和周遭的人比較身材而做的運動等，都屬於對外貌自尊無益的運動。

2. 填寫屬於自己的表格

下列表5-6能檢測出你的運動習慣，透過分析運動對自己的影響，能辨別出哪些是有益於建立外貌自尊的運動，哪些則是有害的運動。

▶ 表5-6　這些運動是否有益於建立外貌自尊

運動類型	動機	運動時長	對外貌的影響（-10～10）	對日常的影響（-10～10）	身體感知（疼痛）
跑步	自願的	30分鐘／次，3次／週	2	2	×
舉重	強制的	2小時／次，5次／週	3	-7	○

05

瘦才好看？當心罹患進食障礙症

減肥，如今已經變成一種約定俗成的社會風氣，幾乎所有的男性與女性都為了想努力維持適當的體重，而承受著巨大的減重壓力。雖然偶爾會吃高熱量的垃圾食物，也會因不能控制吃宵夜的欲望而感到自責，但並不會像韓劇《我的ＩＤ是江南美人》中的玄秀雅一樣催吐。

對於即使承受體重困擾，但外貌自尊相對健康的人來說，進食所帶來的快樂大於痛苦。

近來，減肥幾乎成了每個人的義務。人們最關心的事物之一，就是如何用最少的努力達到最大的瘦身成效，像是「藝人的減肥方式」、「獨門減重祕訣」、「兩個月之內甩肉成功」等，從談減重的 YouTuber 的訂閱人數增加，就能看出這些都是大家關心的話題。

其實每個人都曉得該怎麼減重，大家應該都試過「少吃多動」的最基本瘦身方式，但就像知道數學公式不等於會解題、考到高分一樣，「少吃多動減肥法」的成效相當緩慢。

再者，當體重下降到一定的程度時，就會遇到停滯期，進而被周遭人事物誘惑而動搖，有時忍不住偷吃一次高熱量食物，體重又會恢復如初。體重計上的數字上下反覆的現象稱為「溜溜球效應」（Yo-yo effect），被此效應折磨過幾次之後，就會發現節食、暴飲暴食與壓力等，嚴重折磨著自己，於是尋求他法減肥。

之所以有五花八門的減重方式，是因為要維持一定的體重並不容易。人們想擁有苗條的身材卻無法輕易做到，所以才想借助成功人士的祕訣。各種異想天開的甩肉方式，如極低卡飲食法（Very Low-Calorie Diets，簡稱VLCD）、丹麥減肥法（Copenhagen Diet）、皇帝減肥法、高蛋白質飲食療法（High-protein Diet）、生酮飲食減肥法（Ketogenic Diet）、低醣飲食療法（Low-carb Diets）、單一飲食減重法、間歇性斷食法（Intermittent fasting，簡稱IF）等，這說明了許多人在貪吃的本性與外貌至上主義之間左右為難。

進食障礙症與外貌自尊[11]

大部分人的心情會隨著體重的數字高低或喜或悲，進食障礙症患者尤為嚴重，他們對身體重量最為敏感，心情起伏大，極度在意肥胖，且比別人更嚴格控管熱量。控制體重的完美形象，會帶給他們勝利感或安心感。

進食障礙症患者懂得控制飲食，他們和外表看起來不同的是，他們非常關注食物，經常看與料理和時尚有關的 YouTube 影片。如果聽到有人聊起外型相關話題，他們會用最快速的速度，接收該話題的資訊。

因為他們花在控制身型與體重的時間比別人多，所以日常的快樂時間正在減少，比如說，他們會比別人少享受聚餐的快樂。

精神醫學上認為，社會文化是導致厭食症與暴食症的原因之一，而導致上述症狀的主因，也許是因為社會的主流價值認為瘦才好看，故而間接鞭策肥胖之人減重所造成的。

根據統計數據顯示，**女性罹患進食障礙症的比率明顯高於男性，這與女性面臨較大的外觀壓力有關**，說不定當他們看見苗條的女性享受到好處時，會在不知不覺中汲取「苗條身材＝成功＝幸福」的訊息。

在《我的ＩＤ是江南美人》中，玄秀雅的顏質分數是一百分。身為天然美女的她，個性灑脫，在大學迎新活動時成為了系花。擁有完美相貌的她看似有高外貌自尊，然而周遭的人卻從她的飲食習慣發現，事實並非如此。

美來和學長姐們得知，秀雅為了控制體重，吃完東西後都會催吐。秀雅會催吐，表面上是為了維持身型，而追根究柢是因為她兒時的痛苦回憶——如果在外型上不能占優勢，就會被拋棄的不安。

進食障礙症雖對改變長相有暫時性的幫助，但與健康的身體意象漸行漸遠，像是暴飲暴食、為了減重而服用瀉藥或利尿劑，以及其他極端減肥方式等。

最近，韓國人流行拍身材照，為了拍下好看又健康的身體照片，採用極端或是服用藥物的瘦身方式，展開臨時抱佛腳的甩肉計畫。外表僅是身體的一部分，且具備健康的外貌自尊的基本條件是尊重身體，若這麼做，最終將會傷及外貌自尊心。

有些人像玄秀雅一樣，害怕自己的樣子不足以成為眾人欣羨的對象，這些人的心情會受到社群媒體的留言數、粉絲數、被搭訕的次數所左右。不管這些人是否如玄秀雅一樣有著關於容貌的心痛回憶，抑或是另有苦衷，要知道，過去其實不重要，重要的是現在。

許多現在自信心不足的人，過去也曾歷經自尊心匱乏的問題，因此，為了未來的模樣與外貌自尊，讓我們從現在開始改掉有害身體意象的習慣吧。

- 不健康的（unhealthy）飲食習慣：慣性禁食、超低熱量飲食、以減肥為目的的吸菸。
- 極度不健康的（extremely unhealthy）的飲食習慣：進食後催吐、為了控制體重而使用有害藥物（瀉藥、利尿劑等）。
- 危險徵兆（體重過輕而導致的次要問題）：月經不來、全身無力、注意力不足、頭暈、掉髮、骨頭突出（肩膀、骨盆）、肌耐力變差。

如果你的飲食習慣與上述相同，或出現類似徵兆，那麼你現在應該要闔上書去找專業醫生。因為進食障礙症的影響遠超過外貌自尊。**該症狀乍看之下似乎是生活習慣出了問題，而實際上蘊含著當事者內心的巨大創傷**，就像隱藏在冰川下的冰山一樣。在名為「催吐」的冰河下，關於催吐的往日回憶深深扎根，不動如山。

在該電視劇的後半部分，玄秀雅接受了心理治療，並向美來坦言，自己不是喜歡都炅錫才告白的。站在醫學的角度上，進食障礙症是可以根治的，只是過程並不容易，玄秀雅已經度過了人生最重要的關卡，相信她也能順利完成剩下的療程。

06

生病或外力導致的外貌創傷症候群

無論是先天或後天，有些人的臉部是畸形的，外貌畸形會為當事人帶來難題。不過，這兩者之間的關鍵差異在於，過去數十年來，已經習以為常的身體意象，因意想不到的後天事故而產生劇烈變化時，帶給當事人的打擊會格外沉重。

臉是一個特別部位，它具備了身體各種功能，同時還能表明身分。造成臉部創傷的事故或疾病，會對健康與生理功能（視覺、聽覺、嗅覺、牙齒、呼吸、聲音等）產生負面影響。

雖然呼吸才是臉部最重要的生理機能，但面容異常依舊是降低生活品質的變數。車禍、暴力、燒傷等意外，使得長相改變，任誰都無法輕易接受，需要很長一段時間方能適應。

即使不是意外事故所導致的，仍會對當事者的身體意象造成傷害。除了意外事故之外，某些病症也會帶來類似的心理衝擊。

下述為會導致外貌畸形的代表性疾病（僅列舉部分）：

- **先天性原因**：脣顎裂、半邊小臉症（Hemifacial microsomnia）、克魯松氏症（Crouzon Syndrome）、娃娃臉（Cherubism）、崔契爾柯林斯症候群（Treacher collins syndrome）、神經纖維瘤病（Neurofibromatosis）、血管畸形（Vascular malformation）、身體部位損害等。

某些先天性畸形會影響生理機能，甚至還會伴隨神經系統併發症。

- **後天性原因**：因事故（車禍、墜落、燒傷等）導致的畸形；人為（暴力等）傷害所引起的相貌變化；疾病（漢生病、漸行性半臉萎縮症〔Parry-Romberg disease〕、因抗癌藥物造成的掉髮等）。原本過著平凡生活的人，因意外所帶來的容貌改變，會造成重大心理衝擊。

照鏡子時，發現鏡中的自己變了一個樣，不管是誰都會大受打擊。

癌症與外貌自尊

一聽到「癌症」，很容易會聯想到掉髮。現在的抗癌藥物與過去不同，其作用機制（Mechanism of action，簡稱MOA）變多，不易產生不良反應，功效也變得比過去好，不過，部分抗癌藥物仍會產生掉髮的副作用。

隨著每三人中就有一人罹癌的時代到來，治療癌症的成效也日益進步，但仍有些人的身體受到抗癌藥物的副作用威脅。我們當然不能說顏質比活下去更重要，但某些病患比起嘔吐、失眠等抗癌治療的不良反應，更擔心掉髮，這一點讓我們重新思考了身體意象的意涵。

收到癌症確診通知的病患會大受打擊，每三名病患中就有一人會出現顯著的擔憂（Distress），[12]有些癌症甚至一次性擊垮了患者的健康、容顏與外貌自尊。

乳癌即為代表性例子。根據統計數據揭示，韓國年輕人的乳癌罹癌率高於西歐。[14][13]雖然現代治療癌症的方式較過去進步，但當事人一聽說自己得了乳癌，

14 根據衛福部國民健康署資料顯示，臺灣相較於歐美國家，國人的乳癌好發率年齡比歐美國家早十年。

立刻會備感壓力，包括擔心死亡率、癌症患者的社會烙印、經濟負擔、工作、家人、復發與後遺症等，如果病患年紀尚輕，還得擔心未來的生育問題。

除了上述提到的種種難關外，乳癌和其他癌症不同，還會引發另一種「困擾」。患者失去了女性的象徵——乳房，也失去了自信，怕別人發現自己的不同，會刻意穿寬鬆的衣服，或是在內衣中放入襯墊進行偽裝。乳癌病患不會去公共澡堂，對性生活也失去信心，如果還有掉髮問題，外貌自尊心就會崩盤。

最近，醫界為了減輕乳癌對身體意象的負面影響，會採取多科會診的方式，外科醫生先為麻醉的患者進行乳房切除手術，而後隨即由整型外科醫生進行乳房重建，把審美衝擊降到最低。

過去的癌症治療，聚焦在救回徘徊於生死邊緣的病患，如今人們對身體意象重要性的認知提升，許多大學醫院也因此開設了「癌症壓力門診」。有研究指出，當患者的壓力超過一定程度時，癌症壓力門診有助緩解心理上的痛苦及防範未然。[14]

經歷外貌精神創傷的當事人，會被惡夢折磨、變得敏感，該病症所引起的驚嚇症候群[15]與普通的精神創傷不同，即使時間流逝，心理衝擊被稀釋，也仍會持續影響當事人。**當事人會不知道怎麼去跟人打交道，症狀嚴重時，可能會害怕外出、與世隔絕**（參考下頁表5-7）。

面貌創傷會影響當事人、周圍的人的言行。他人對當事人的態度，也會隨著臉部負責的功能（情感交流、表明身分、魅力）——畸形與變形，而有所變化。外貌心理學認為，出眾的長相能營造出能力強、知性與健康的形象，畸形的模樣則會造成不可靠、不正直的形象。

當事人有生以來第一次經歷身邊之人的態度變化，會很難立刻適應（參考第一九三頁表5-8）。

受創傷的時期也會影響到後續驚嚇症候群的嚴重程度。舉例來說，十五歲的人和四十五歲的人被燒傷，在心理、社會的影響力及接受能力等，有著天壤之別。

妨礙外貌精神創傷恢復的習慣

- **社交孤立**：知名小說家保羅．科埃略（Paulo Coelho de Souza）說：「船在港口時最安全，但它並非為停泊於港口而建造。」人也一樣，當發生了外貌精神創傷，很多人選擇留在家中與外界隔絕，對他們來說，家是他們的避風港。

可就像科埃略形容的船一樣，人不可能永遠待在家，感到嚴重不安時，待在家裡或住院是有助益的，但在做好一定程度的心理準備後，就必須慢慢破繭而出，宅在家裡正如逐漸消失在社會中。

治療創傷的基本方針是，建議病患恢復到一定程度後，回歸生活。

▶ 表5-7　外貌創傷者的情緒和行動

	當事者的情緒	當事者的行動
S	自我意識過剩（Self-conscious）	害羞（Shy）
C	感覺被視為畸形（Conspicuous）	害怕（Cowardly）
A	憤怒、不安（Angry, Anxious）	具攻擊性（Aggressive）
R	感覺會被拒絕（Rejected）	退縮（Retreating）
E	驚慌失措（Embarrassed）	逃避（Evasive）
D	自覺和別人不同（Different）	防禦（Defensive）

●自我破壞的行為：

被顏質受創壓垮，而導致飲酒過量或自殘的行為等，這些舉止會拖累創傷的復原速度。因為憤怒而謾罵、亂砸東西的行為，會讓周遭的人疏遠當事人，並加深他的內疚感。

網路（酸民）或食物（暴飲暴食）同樣也不是用來消除憤怒的適當工具，要試著尋找不傷害自己與他人的方法來排解負面情緒。

▶ 表5-8 周遭之人對面部受創者的反應

	周遭人的情緒	周遭人的行動
S	抱歉、衝擊（Sorry, Shocked）	注視、說不出話（Staring, Spechless）
C	好奇、困惑（Curious, Confused）	草率的行動（Clumsy）
A	不安（Anxious）	提問、尷尬（Asking, Awkward）
R	抗拒（Repelled）	退縮、沒禮貌（Recoiling, Rude）
E	驚慌失措（Embarrassed）	不敢直視（Evasive）
D	擔憂（Distressed）	心不在焉（Distracted）

● **不必要的內疚感**：有些人將外貌精神創傷曲解成報應、業報，認為是因為自己做了平常不該做的事，才會導致事故發生。

這種現象和有些父母看見剛出生的孩子有先天性缺陷，便開始自我譴責，是同樣的道理。心靈受創已經夠煎熬了，若再加上不必要的愧疚感，痛苦必然加倍。疾病、事故和為人處世之間，並沒有直接的相互關係。

● **對長相的傳統價值觀**：現有的相貌價值觀會受到精神創傷影響，如果在患病或受傷之前，外型在生活中占了重要比例，那麼打擊也會非常大。

同理，父母在生下小孩之前，對容貌的價值觀也會影響到生下畸形兒時的衝擊程度。如果父母對畸形模樣抱持負面看法，那麼接受自己產下畸形兒的門檻也會提高。

● **心理治療、精神健康醫學系的壁壘**：小感冒只需要充分休息和補充營養就能好起來，但嚴重的肺炎就得到醫院看診。外貌自尊的傷害也一樣，如果只是一般壓力，大可靠自己的努力好起來，但如果是會影響到日常的內心創傷，最好接受專業的治療。心理專家會給出最好的診療建議，精神創傷和其他疾病一樣，越早治療越快好。

緩解驚嚇症候群的親密性原理

每個有長相缺陷的人，大多有過因臉蛋被拒絕的經驗，有可能是對方被自己的長相嚇到、對自己的樣貌指指點點，抑或是感覺到對方在刻意疏遠自己等。雖然是心痛的回憶，但從腦科學的立場來說，這是無可奈何的事。

畸形的樣子會激發人腦的扁桃腺和島葉，進而引發不安。遺憾的是，礙於人的大腦設計，我們並不能在第一次見面就掌握對方的內心世界，正因為無法覺察他人的內心，因此大腦會對異形的面貌起敏感反應，使對方經歷了驚嚇症候群。

因為面容被排擠是令人心痛的記憶，也許會在內心深處留下傷疤，但重要的是，驚嚇症候群並不是永遠的。

即使對方的奇異外觀看起來很危險，但只要大腦接觸久了，累積了「外貌畸形＝不危險」的認知，就能淡化大腦對畸形的本能恐懼與不安反應，明白到其實對方很安全，扁桃腺的反應就會趨於穩定，若持續見面，腦部會因親密性原理逐漸習慣不一般的臉孔。

然而，若要適用親密性原理，就需要一定的時間，以及對方有著一定高度的外貌自尊。當兩人第一次見面，必然招致驚嚇反應（眼神、手勢、說話、行動），如果你承受不住那種反饋，不想重蹈痛苦的過往，而擺出如刺蝟般的防禦性態度和僵硬表情的話，對方就沒有機會熟悉你的奇特長相。

自己和他人的驚嚇反應錯不在你，但如果你一直被「對方一定會因為我的異常容顏拒絕我」的想法給束縛，悲痛的過去就只能一再上演。

【看臉時代】

安撫不安情緒的蝴蝶擁抱法

海嘯生還者只要聽到海浪聲就會不安，實際上，海浪並不危險，但總會因想起事故畫面而內心惶恐；當自己看著鏡子裡走樣的外表，有可能會想起意外當下的情景，如果大腦被巨大的精神創傷打擊，就會聽不進任何建議與安慰。

感到不安時，首要之務是冷靜下來，溫柔安撫、平靜心情，會比提醒別人「我現在因為心理創傷非常敏感」更好。

這邊提供一個可以撫慰心靈的「蝴蝶擁抱法」：

當回想起痛苦的場面或緊張時，可以將右手放在左肩上，左手放在右肩上，接著用左右手輪流拍打肩膀，直到心情舒緩為止。最後，告訴自己，不管過去有多難受，現在已經安全了、沒事了。

第6章

不管別人想，我就喜歡鏡中的自己

事實上，提高外貌自尊心不像理論上說的那麼容易，想把四十分的外貌自尊提高到七十分，需要既漫長又艱辛的過程。因為外貌自尊由外表與自尊所組成，而兩者都無法輕易改善，其問題在於缺乏即時的鼓勵。

有些人直接死心，認為「我果然不可能成功」。這就像全韓國人都知道要怎麼讀好書、怎麼減重，但由於沒有立竿見影的成效，往往因心急而不了了之。技巧性的保護外貌自尊，會比從根本上把四十分的外貌自尊提高到七十分，更快見效。

如果說外貌自尊是心靈的力量，那麼心理技巧可以說是在心靈力量提高前，守護心靈的護衛。有兩個人，過去與現在的外貌自尊同樣是四十分，其中一名擁有高超的心靈守護技巧，而他現在所受到的打擊將會比過去小。

自尊心之所以下滑，是受到多種因素的影響，如當事人的個性、實際情況等，沒必要掌握所有的技巧，學會一、兩個能立即使用的方法，並體驗其效果，就能有信心恢復外貌自尊。

在前一章中，我介紹了部分保衛心靈的技術，在本章中，我會進一步介紹其他技巧與恢復外貌自尊的方法。

01 當別人問「你的臉怎麼了？」

由「外貌」（Face）與「履歷」（Specification）所組成的「外貌履歷」，是韓國的新造語，也是韓國求職者之間常用的詞彙。重要面試當前，尤其是女性求職者，考慮到初始效應——即第一印象的重要性，經常會去接受形象諮詢或專業化妝。

從外貌心理學的角度來看，能理解求職者的立場。但站在面試官的立場來看，即使是觀察力再出色的面試官，也很難在一次面試中，掌握求職者長相之外的資訊。

短短十幾分鐘的面試時間，很難感受到所謂的人性或美麗的內心，面試官不知不覺間就會先受顏質影響，求職者看準這一點，刻意打扮得端正得體，準備好呈上「外貌履歷」。換言之，在外貌至上主義的社會中，裝扮外表能提高面試合格率，是在激烈競爭中生存的合理戰略。

外貌至上主義的英文是「Lookism」，該詞彙首見於一九七〇年的美國。外貌像性別、宗教、人種一樣，變成了一種歧視因素，而且超越了私領域的範圍，對於就業、升職等公領域也產生影響。[1]

如果兩個求職者有著相似的履歷，但「外貌履歷」左右了誰合格的話，就能懷疑面試官有外貌至上主義。有些人因為外表被大扣分，如果相貌的缺陷明顯到每個人都能看出來，那麼即使該瑕疵不會影響到工作績效，但在面試時仍有可能被扣分，特別是服務業。

外貌履歷可能會是人們在面試服務業時的不利條件，外貌自尊很有可能會因此受到威脅。許多研究指出，明顯的異常模樣會造成心理創傷，包括燒傷導致的臉部傷疤、事故引起的臉部缺陷、嚴重的白斑症或乾癬等。[2]

容貌是人際關係的起點，如果當事者的面容有畸形，可能會受到人際關係的困擾，嚴重時，甚至可能會閉門不出。這些人可以考慮以下的外貌心理學方法：[3]長相特異人士經常會隱藏畸形部位；掉髮嚴重的人會戴假髮；白斑症病患會化妝來蓋住白斑；有些人為了掩蓋傷疤，一年四季都穿長袖等。

偽裝術（Camouflage）是最實際的對策，它能隱藏變形的外表，不讓人看見。如果擔心周遭產生的各種問題，相信這會成為最實際的對策。

偽裝術是減少受奇異樣貌困擾的有效方法，不過某些情況並不適用。像是異樣的範圍過廣、異常外型本身無法偽裝、經常會暴露在人前，無法逃過人們對畸形的歧視等。對於尚未適應外貌畸形的人來說，那就像是走在路上被人扔石頭一樣痛。

有效應對缺陷的對話技巧

相貌特殊的人很怕被問起外觀相關問題，每天都過得戰戰兢兢，且會陷入自我意識過剩的狀態。因為擔心初次見面的人會問起自身缺陷的緣由，而心生緊張，造成雙方有溝通障礙又備感壓力。

在對話的過程中，對方歪頭疑問道：「你的臉怎麼了？」儘管某種程度上，當事人已經預期自己會被問到這類相關的問題，但當情況真的發生，他們的腦中仍舊會陷入一片混亂、緊張、心跳加速，冷汗直流的思考著：「我該回答什麼才好。」

在這種情況下，請記住兩點。**第一點，有些事操之在己。**

你雖無法控制對方是否會問及外貌畸形的相關問題，但一定程度上，你的回答能調節對方追問第二個問題的內容。

這就像打桌球或網球一樣，對方擊球過來，根據我回擊的方向、角度與力量，球打回去的軌跡會有所不同，對方要接球的反應也會有所調整。

第二點，你要感覺到自己對情況有掌控權。

如果相貌瑕疵是肉眼可見的，很難避免被問起，倘若每次都迴避對話，壓力指數也會隨之累積，進而影響到日常生活。不過，只要透過訓練，讓自己對場面感受到掌控權，對方的反應也會有所不同。

因為手握所有權的感覺，會給你帶來信心，並將你的感覺經由你的表情、眼神與肢體動作傳達給對方。

獲得控制權的關鍵在於，提前準備好答案。對方的問題通常侷限在「畸形是怎麼發生的？多久以前的事了？」等，就像考試再難，只要提前告訴考生考題，有讀書的學生就能順利答對。

即便在意外的狀況下被人問起，也會因為已經做好萬全準備，而把焦慮感降到最低，並感受到情況全在我掌控中的自在感。事實上，這並不容易，但如果能再加上適當的眼神、從容的表情、輕鬆的微笑與幽默感等，絕對是再好不過的了。

面對對方的提問，如何回應？請大家參考以下對話範例。

問題：「你臉上的傷疤是怎麼來的？」

回答一：「喔……這個啊……。」

回答二：「我國小三年級和朋友玩耍時，打翻鍋子燙傷了，雖然有去醫院治療，但還是留疤了。」

回答三：「說來話長，我小學時被燙到所留下的疤，下次有空再仔細告訴你。話說回來，你對你接下來的工作有什麼打算？」

上述這個問題沒有正確答案，只要根據提問者和當下的事態，提前準備好答案、練習回答，並且隨機應變就行了。例子中的「回答三」，除了回應對方的問題之外，還自然而然的轉移話題。

另外，要記住，當對方問起自身樣子時，不一定代表他是有意的。外貌畸形的人因為有被人嘲笑過的回憶，在回答問題時，語氣會不自覺變得尖銳。當事人應該要認知到，儘管有些人不懷好意，但大部分的人並非如此。

減少因他人的目光而造成的不自在感

臉部有明顯缺陷的人出門時，尤其是到了人多的場合，會感受到大眾的眼光或竊竊私語。有些兒童會公然嘲笑；有些老人則會給予非出自於惡意的不必要關心，進而造成當事人的不自在與慌張。這時，分散注意力技巧將會對你有所幫助。

- 聽覺：戴上耳機聽音樂。
- 視覺：看網路新聞、欣賞窗外景色。
- 觸覺：雙手反覆用力握緊、放開。
- 內心感受：在內心從一數到一百、背九九乘法表。

在使用分散注意力技巧時，要盡可能聚精會神，除了上述提到的方法之外，還可以想想其他適合自己的方法。

自己先提起外貌畸形

初次見面的人在看到當事人的異常長相時，會基於禮貌不去發問，但心中難免會吃驚與暗自好奇。當事人與其戰戰兢兢擔心對方提問，不如反客為主，**先自行提起容貌也是一種辦法**，就像韓國諺語所說：「反正都會被打，不如早打早超生」，**一開始就先主動化解不安因素**。

同理，掩飾自身異樣外表的人，很難向親密之人坦白自己所隱藏的祕密。這時候利用照片或間接說：「我認識的人有相貌缺陷……。」有助緩和對方的內心衝擊。

另外，挑選適當的對話場所與時機很重要，如果面對面直說會感到有壓力，不妨用電話或訊息代替。

反之，如果自己親近的人有特殊模樣，在考慮到對方的立場時，遣詞用字必會更加謹慎。

舉例來說，提起有缺陷的部位時，使用客觀的單詞或醫學病名，會比「醜」、「奇怪」等主觀表達更好。

- 醜陋的、噁心的、像怪物一樣↓布滿斑點的、有疤痕的。
- 花花綠綠的皮膚↓有白斑症的皮膚。
- 禿頭↓發生掉髮的頭髮。

打理儀容

即便有顯著的特異樣貌，但仍須注重個人儀容。根據情況穿上適當衣著，保持整齊、端莊的儀容，會讓人感覺到當事人有社會歸屬感。同樣是畸形的容顏，有品味的衣著與不得體的打扮，給人的印象天差地別。

02 肥胖不是病，但會產生刻板印象

聽見「肥胖」一詞時，你最先會想到的是什麼？在相貌與健康中，會先想到何者？大多人會先想到相貌。醫學界之所以關注胖瘦問題，並不是因為外型，而是因為肥胖影響健康。過胖會提高糖尿病、高血脂、高血壓等疾病的發生率。

在外貌至上主義中，肥胖引起的問題是環環相扣的。例如，一名身高一百六十公分，體重五十八公斤（BMI二十二．六）的女性，在醫學上屬於正常數值，但很多女性不滿意這種身型，導致減肥已經成了不成文的規定。

大部分的女性與男性都面臨著瘦身壓力，其中一部分的人的BMI數值雖在正常範圍內，卻還是與體重展開搏鬥、到減重門診報到，或是進行過度減肥法。

在顏質等於一切的社會，控制體重不是為了預防文明病的發生所進行的身體健康管理，而是為了追求最佳外表的行為，一方面防止發福造成自己的利益受

損，另一方面也是為了獲得苗條之人才能享受的好處。

許多研究報告點出，體重過重的人較缺乏自信，也較可能罹患憂鬱症與人群恐懼症。[4] 從醫學的角度而言，肥胖問題的年齡層分布甚廣，通常年紀越大越容易發胖，而女性在產後也會有產後肥胖問題。

在所有的年齡層中，「兒童肥胖」很有可能造成孩子產生玻璃心。[5] 兒童肥胖之所以容易演變成外貌自尊問題，從生理層面來說，小孩身體的脂肪細胞增加，容易產生溜溜球效應，長大成人後也不容易變瘦，會演變成成人肥胖；從心理層面來說，孩童容易聽到有害身心發展的嘲笑，好比被笑是「肥豬、五花肉、豬八戒」等。

國外曾有以六歲孩子為對象進行的研究，其研究結果顯示，肥胖的兒童不喜歡和同儕玩耍，而且父母也會在不知不覺中歧視過胖的子女。這項研究結果之所以令人憂慮，是因為肥胖的孩童會聽見父母的否定言語，或因胖被同學排擠等，外貌自尊受到極大傷害，如果肥胖者是女孩，情況會更為嚴重。[6]

對肥胖的刻板印象

有時人們不會特別針對臉蛋或身體部位進行嘲笑，例如，個子矮的人會被叫「矮冬瓜」；臉大的人會被叫「大餅臉」；皮膚黑的人會被叫「原住民」。然而，大眾對肥胖者特別不友善，人們不會因為一個人長得醜或矮，而連帶批評當事人的品性，但肥胖卻被不在這種免罪行列。

這是我讀大學時發生的事，當時教授講課到一半，突然自信滿滿的說：「胖子都沒在管理自己的身材。」大眾普遍認為，體重過重和又塌又扁的鼻子、前突的下顎不同，只要當事人下定決心就能擺脫走樣的身材。

正因為人們覺得體重是可改變的，故而對臃腫的人產生「肥胖＝不會管理自己的身型，被指責也很應該的＝懶惰，有缺點的人」。**肥胖的人不僅對自己的樣子感到不滿，說不定也會對自己的人格與存在價值感到自卑與懷疑。**

然而，**肥胖的人完全沒必要因為胖而有罪惡感。減重除了需要有個人意志之外，左右瘦身難度的因素眾多，像是環境、遺傳等。**[7]有些國中生有痘痘肌，有些國中生不用特別保養皮膚就能擁有雞蛋肌；同理，有些人天生易發胖，有部分的人能成功甩肉，也有部分的人成功不了。

讓我們做個極端的假設，如果全世界的人都生活在相同環境，先天的代謝能力也一樣，那麼現在肥胖者很有可能就不胖。倘若不考慮這些條件的差異，隨意替肥胖的人貼上「肥胖＝意志薄弱」的標籤，明顯有失公平。再者，重度肥胖的人因為體重對身體造成的負荷過大，所以很難加強運動強度。

越來越多醫學研究指出，胖不應該受到指責。[8] 引起肥胖的因素眾多，尤其是當BMI數值變得越來越高時，肥胖就像上癮一樣，僅憑個人毅力與努力很難擺脫其困擾。

就像過去認為懶惰的人就一定有酒癮，但實則是一種大腦病症一樣，把過肥的人視為是意志薄弱的人，也可能是一種偏見。

肥胖不被歸類為疾病，反而被視為是外型問題，也暗示著人們執著於窈窕身型的外貌至上主義。

肥胖與其他的外貌自卑不同的是，它可能與疾病有關。肥胖介於美麗與疾病、外表與健康之間，這正是它與其他樣貌缺陷的差異。即使長相再難看、個子再矮、鼻子再塌，醫生也不會輕易勸人整型，因為健康永遠是最首要的。

然而，當病患過度肥胖時，醫生則不會如此建議。根據二〇二〇年韓國肥胖學會（Korean Society for the Study of Obesity）所公布的治療方針，醫生替BMI值超過三十五的病患進行減重手術，是屬於醫學上治療肥胖的方式之一。如果醫生先替病患進行飲食控制與運動等正常的體重管理與藥物治療，但其成效不彰時，動手術是唯一能阻止肥胖及相關併發症的方式。

從世界衛生組織（WHO）將肥胖歸類為一種疾病可以得知，它需要透過醫學的治療。

【看臉時代】

你也有社會體型焦慮嗎？

肥胖的人容易對自身體重與身型感到不滿，其埋怨程度可依照社會體型焦慮（Social physique anxiety）類推。社會體型焦慮是指，「別人如何評價我的體型」的相關不安感，與BMI值有一定的關聯性。請透過左頁的表6-1，檢查一下自己的社會體型焦慮程度。

不滿自身體態的原因眾多，像是他人直接的指責、瞧不起肥胖人士的眼神、減肥忠告、穿不了想穿的衣服等，都會對外貌自尊產生不良影響。就像考生考差了會撕掉成績單一樣，肥胖的人可能會因此排斥或害怕照鏡子，搞不好還會指責自己，甚至像周圍的人一樣，殘酷的對自己說：「是被詛咒的身體、腹部肥肉真夠噁的。」

▶ 表6-1　社會體型焦慮程度檢視表[9]

	項目	完全不同意	不同意	普通	同意	非常同意
1	我不擔心別人怎麼看我的身型。					
2	我不在乎我穿的衣服讓我的體型看起來如何（削瘦或胖）。					
3	我希望自己不要過分擔心身材和外型。					
4	我有時會在意別人對我的體重或體格持否定態度。					
5	我照鏡子時，很滿意自己的體態。					
6	我去參加聚會時，有時會因自己的身材和長相缺乏魅力而感到焦慮。					

接下頁

	項目	完全不同意	不同意	普通	同意	非常同意
7	只要周遭有人，我就會在意自己的身材與相貌。					
8	我不在乎我的體型在別人眼中如何。					
9	我不喜歡別人評價我的身材和顏質。					
10	我很害羞，不喜歡別人盯著我的身體看。					
11	就算別人看我的身材，我也很自在。					
12	我穿內衣時，會擔心自己的體態。					
13						

- 總分：12～60分（分數越高，社會體型焦慮越嚴重）。
- 評分方式：完全不同意（1分）、不同意（2分）、普通（3分）、同意（4分）、非常同意（5分）。第1、2、5、8、11題為反向計分。

負面的表達習慣不僅限於體型，有可能發生在全身任何部位，降低人們對身體的滿意度。顏質不出眾的人，不代表外貌自尊就一定低落，但習慣用否定詞彙形容相貌的人，外貌自尊絕對不會高。

某些自尊心不足的人，會尖酸刻薄的嘲諷自己的外表，拿長得不好看當理由，朝自己發洩所有的情緒。就像被人罵會覺得很傷心，責罵鏡中的自己，會傷及自身的外貌自尊，一旦負面表述長相，會讓當事人與身體的關係變得更加惡化。

如果每次照鏡子都對「鏡中的我」說出難聽的話，身體很有可能會信以為真，覺得自己就是那麼糟糕。

周圍的人在一定程度上，會影響我們的外貌自尊。錯誤的表達習慣也很可能是受到某些人的影響，但最終能決定自尊心高低的人是自己，縱使別人說出批評樣貌的否定言論，只要自己能溫柔相待，外貌自尊心就能維持良好狀態。

下表6-2是分析表達習慣的檢視表，請大家想想自己是否在不知不覺間，用貶抑詞彙來敘述外型，如果是的話，請從現在起，用委婉取代直接闡述吧！

中立與客觀的言語表達有助提高外貌自尊。

▶ 表6-2　分析表達習慣的檢視表

不滿意的外貌部位	我習慣怎麼形容它	改善後的形容
臉上痘痘	真的是受詛咒的皮膚。	是痘痘肌
腹部贅肉	腹部贅肉就像五花肉一樣，真可怕。	腰圍105公分

03

面對不善意的批評，自建防火牆

夏天睡覺時，聽見耳邊傳來嗡嗡的聲音，儘管抬起了發癢的右腿，但蚊子很快又會停到身體某個部位。全身雖用棉被包好，卻難敵炎熱而睡得不安穩，起身想抓蚊子，在天花板燈光的照射下，卻消失得無影無蹤。

從紗窗上的小洞口闖入房裡的蚊子，讓人感到煩躁。欲減少不舒服的上上策，不是先被咬後塗藥，而是事先斷絕牠飛入房裡的可能性。

外貌自尊高的人有著出色的過濾能力（protective filtering），能淨化對自尊心的傷害，就像阻隔蚊子飛入房裡的密閉紗窗一樣，能阻絕掉大半的外貌自尊刺激。

他們比別人更快一步處理掉對長相的摧殘，其外貌自尊的防禦力如要塞般強大。你的「自尊紗窗」是否能夠「防蚊」？如果答案是肯定的，那就再好不過，即便答案是否定的也無須氣餒，將有瑕疵的自尊紗窗修好即可。

外貌自尊紗窗密不透風的人，有幾項共同之處。第一，他們擁有傑出的冷靜分析能力。[10] 他們看見某人在社群媒體上充滿自信的泳裝照時，會轉換想法：「她雖然看起來很有自信，但她真的擁有高外貌自尊嗎？會不會其實有心理自卑的傾向？那種身材太夢幻了，是不是整型來的，還是是照『騙』？」

他們能有效掌握顏質出眾之人的優缺點，在觀察俊男美女的同時，也能敏銳捕捉到隱藏在其背後的機會成本，還會考慮每個人不同的特性，例如：人性、自尊、體力、性格與健康等。

第二，**外貌自尊高的人分辨客觀現實的能力比別人更強**。小心不要誤解自尊紗窗的意涵。「自尊紗窗嚴實的人」會根據合理情況進行分析，而不是無條件全盤接受或指責。

舉例來說，我們偶爾會遇見優秀的模範生，不僅自尊心無堅不摧，就連心態也很少動搖：「那個人的確很好看，但現實中，一百個人中只會有一個那樣的人，不，也許一千個人中才會有一個。那個人在樣貌上投資了很多時間與金錢，和那個人做比較，打從一開始就是不公平的。」

第三，當他們聽見籠統的相貌批評時，會傾向正面解釋之。在相同的情況下，當自信心不足的人陷入胡思亂想時，他們不會杞人憂天。

最後，他們也不是十全十美的完人，他們與對外表不滿者最大的不同是，不會慣性意識到自身的缺點，這些看似微不足道的習慣差異，決定了外貌自尊的高低。

04 鏡中的我，勝於別人眼中的我

外貌自尊健康的人有何祕訣？當事人可能沒發現，但他們很可能具備以下四種特質：

1. 建立圓滿的人際關係

圓滿的人際關係，有助於外貌自尊的發展。家人的照料與鼓勵、朋友與伴侶的安慰，能保護外貌自尊。

人際關係穩定的人能透過對話有效消除長相壓力，且收獲良多。雖然親密的人際關係可能會帶來意想不到的相貌創傷，但同時也能保護墜落谷底的自信心。

2. 積極的心態／不放大檢視

外貌自尊高的人，深知自己的樣子有哪些優點，哪怕不滿意某些特定部位，他們也不會放大檢視，並對整體外表都感到不滿。換言之，他們雖承受著外型壓力，但不會放大困擾，使自己喘不過氣。

另外，他們不會把顏質和自身混為一談。有些人認為容貌即是全部，但他們不是，他們明白樣貌只不過是人的一部分，正如下例所示，看待外貌與看人的觀點是全方位的，不會僅侷限於一個面向。

- 人：健康、運動能力、學業能力、音樂能力、人際關係能力、人性、自尊、臉蛋等。
- 外觀：身高、體重、體型、頭髮、額頭、眼睛、鼻子、嘴巴、皮膚、上半身（上臂、下臂、手）、下半身（大腿、小腿、腳）等。

3. 尊重身體發出的信號

身體毫無怨言替身體主人工作，想想我們對吃苦耐勞的身軀都做了些什麼。

如果到目前為止，你都只是單方面對身體提出要求，那麼現在請想想它給出了什麼樣的信號（body signal），傾聽身體對我們的期望吧！在諸多的警示中，與長相有關的信號如下：

- 衣著打扮：穿上漂亮的高跟鞋卻很不舒服、衣服過度合身的緊繃感、濃妝所帶來的臉部不適↓舒適的鞋子、寬鬆舒適的衣服、去家附近的地方不要化妝。
- 飲食：飢餓感、飽腹感、腹痛↓不要用極端方式減肥、覺得飽就不要吃了、減少喝酒和吃油膩的食物。
- 運動：鬱悶、疼痛感↓堅持不懈進行強度適當的運動、要充分休息。

身體信號是身體給我的訊息，身體發出的警告只有當事人才會感受到，像是飢餓與飽腹、疼痛與開心、鬱悶與舒適等。

有時身體警示與管理外表會相互牴觸，這時，外貌自尊低的人往往會先考慮外型，縱使身體發出飢餓、鬱悶、疼痛等的告誡，也會為了減肥而輕易忽視之。

外貌自尊越低的人，越應該疼愛「鏡中的我」；反之，外貌自尊健康的人，重視身體與自己想要的東西，更勝於「別人眼中的我」。

4. 態度寬容

由於外貌自尊是評價自己的一把尺，因此，過分要求形象或對美醜太嚴苛的人，外貌自尊容易受到動搖。然而，不僅是臉蛋，人們在各方面都習慣嚴以律己、寬以待人，不過大可不必對樣貌如此。

因外表而感到疲憊時，應該寬容的安慰自身。就算周圍每個人都傷害「鏡中的我」，自己也要能予以安慰，就算不喜歡本人的模樣、無法愛自己，最起碼要支持自身，因為外貌自尊的恢復始於包容的態度。

顏質是身體的一部分，身體與我密不可分。我們有可能會與某個人，甚至是家人疏遠或絕交，但身體和我不會發生這種事。因此，即便覺得鏡中的本身不討喜，也要拍拍疲憊時的自己，這是重建外貌自尊的基本條件。

對自己寬宥，是邁出恢復外貌自尊的微小卻有意義的步伐。「鏡中的我」最需要的是，來自「鏡外的我」的溫暖撫慰。

【看臉時代】

你雖不是最好看的，卻最珍貴

1. 傳遞鼓勵之言

考生會在便利貼上寫下鼓勵自身的字句，並貼在書桌上。一句激勵自己的話，能成為漫長備考生活中，重新提筆且再接再厲的動力。

同理，你可以對試圖恢復外貌自尊的自己說些鼓勵的話，看似微不足道的言語，實則是強大的力量，尤其是身邊沒有能幫助你提高自信心的人時，你就更應該要為自己加油打氣。

如果不知道該對自己說什麼，那就想想如果有個人，正因外型壓力而感到疲憊，你會想對他說什麼，把那句話告訴自己就行了。

例：

- 「因為長相受到很大的困擾吧？這不是你一個人的問題。」
- 「昨天吃了宵夜，但時光不會倒流，從今天開始控制飲食就行。

飲食控制是場持久戰，不要因為一次的鬆懈而灰心。」

- 「你雖然不是最好看的，但不管樣子如何，你都是個珍貴的人。」

2. 從日常瑣事中尋找快樂

外貌自尊與生活品質密不可分。若外貌自尊高，笑的頻率就高，反之則終日愁眉苦臉。

外貌自尊低的人總覺得日常中永遠都只有衰事，就像對臉蛋永遠感到不滿一樣。然而，顏質並不是人生的全部。外貌自尊高的人也不會時時刻刻都是幸福的，因此，自尊心匱乏並不代表一直都是不幸的。

如果被消極的想法所束縛，哪怕某天好事降臨也不會察覺。如果你無法像有高度自信的人一樣，感受到日常瑣事中的快樂，「美麗狩獵」（beauty hunting）將會幫助你恢復外貌自尊心。

在《活出意義來》（*Man's Search for Meaning*）一書中，精神科醫生維克多．弗蘭克讚嘆夕陽之美。身在生死難料的納粹集中營中，色彩繽紛的雲朵帶給他剎那的幸福，使他捕捉到微小卻重大的意義。

美麗狩獵指的是，有意識的去挖掘日常中的美麗與快樂，通常生活品質越糟的人，就越難以感受到日常瑣事的快樂。不過，不管日子有多憂鬱與悲傷，總是會有快樂的時候。

左頁表6-3是記錄美麗狩獵的表格，請每天寫下一個正向或快樂的經驗，幫助自己養成美麗狩獵的習慣。

有些人的生活中不曾有過好事或樂觀時刻，如果是這樣，那就記錄下覺得自己做得好的事。如果覺得自己沒有做得好的事，那就寫下試圖想做得好的事，例如：整理鞋子、擦窗戶、街頭撿垃圾等。

發掘美好事物的關鍵不在於事情的頻率，而在於任何情況下，都能牢記積極與主動的態度。日常瑣事的快樂是戰勝黑暗的力量，美麗狩獵則是為了享受一縷陽光所付出的努力。

從長遠來看，自尊心與日常的小確幸有關，尋常事物所帶來的愉快，會搭建起恢復外貌自尊的橋梁。

▶ 表6-3　美麗狩獵紀錄表

日期	正向或開心的經驗	做得好的事
2022年5月1日	午餐吃到好吃的茶碗蒸。 偶然看到晴朗的天空和雲朵。	整理鞋子。
2022年5月2日	朋友很幽默，很有趣。 我支持的棒球隊贏了。	撿了街上的垃圾。

05 你以為問題出在外表，其實是打扮

在顏質至上的社會，長相相當重要，但普通人需要的樣子和當藝人需要的模樣之間，有著十萬八千里的差別。例如：在求職面試中，讓人有好感的面容，比好看的臉蛋更吃香；整齊乾淨又惹人愛的相貌，比單純順眼的外表，會在感情中有更高的好感度。

你一定有過這種經驗，穿適合自己身材的衣服外出，特別有自信；穿符合自身的衣服、化恰當的妝容，腳步會比平常更輕快。當然，也有外貌自尊高但不注重外型打扮的人，不過大部分有自信的人都會定期打理外觀，並在整頓的過程中，獲得開心與滿足感。

他們大多有讓自己心情愉快的獨特樣貌管理方式。許多人認為，美醜天注定，但實際上，穿搭、髮型與妝容等，也會影響人的印象。

韓國電視節目《EBS紀錄片》對此做過實驗。節目組讓同一位男性依次換上休閒服裝與西裝，並請一些女性替他打魅力分數，結果，男性在穿著乾淨俐落的西裝時，更受女性的青睞。從實驗結果可知，穿著打扮對人的形象有重大影響，不擅長裝扮的人很難給人好印象。

對穿搭的刻板印象

反覆解同一道題目，即使問題再難，也會自然而然熟悉解題方法與訣竅，變得得心應手，長相問題也是如此。十幾歲、二十幾歲第一次遇到容貌相關問題時，可能會覺得棘手，但隨著時間流逝，透過持續觀察自己的顏質，就能產生獨門訣竅（符合自身外貌的妝容、穿搭、髮型等）。

不過，有些人就算時間過去，打扮的技巧也不見長進。某些自尊心低落的人是所謂的「時尚恐怖分子」[15]，他們看似不在意外表，但實則不然。

15 韓國用語，源於英文「fashion terrorism」，意指不會穿搭的人。

問題出在他們不成熟的裝扮，以及不熟練、彆扭的妝容和穿搭技巧，除了降低自己對樣貌的自信外，也會給對方留下不好的印象。在這種情況下，要改善的不是外觀，而是打扮。

有些人誤把一切問題歸咎於長相，並自暴自棄的說：「美醜是天生的，我也無可奈何。」

打扮能提高一定程度的外貌自尊，穿適合自己的衣服、化適合自己的妝容，能有效提高他人對外貌的主觀感受，改善給人的印象，影響周遭人看你的反應。

瑞典烏普薩拉大學（Uppsala University）進行過一項研究，[11]研究團隊請參與研究的女性分別穿上自認為是有魅力、普通、舒服的衣服後，再請男性評價其魅力分數。前提是，女性在實驗過程中，要維持一樣的神情。

最終結果顯示，女性穿上自己覺得有吸引力的衣服時，獲得最高的分數。這是因為即使表情不變，但人們在穿上適合自己的衣服時，內心的自信會反映在細微的臉部表情上，並傳遞給他人。

髮型是另一個影響模樣的因素，髮式雖是單一變數，卻對外表影響最大。髮型雖是身體的一部分，但與臉蛋或身材等其他部位不同，能輕易改變。就算過去不在意髮型的人，一旦做了適合自身臉型的造型，也會讓人好感度大增。

韓國有一句語帶嘲諷的話，那就是「時尚的成功與否全靠一張臉」，意思是，不管自身的時尚感再強，顏質終究決定了一切。也許某些時尚恐怖分子正是這句話的忠實信徒，而這句話也並非全然胡謅。

時尚確實是外型的一部分，不過最重要的是時尚與臉、身體的協調度。就像「佛要金裝，人要衣裝」一樣，打扮會左右人的基本形象，一樣的容貌，會根據不同的穿戴而有所差異。

臉是反映情緒之窗，適當的打扮會給人信心，進而顯露於臉上。**如果你過去輕忽了裝扮的重要性，或是常被周圍的人指責穿搭風格，那麼你有必要檢視一下自己的打扮習慣，也許你原以為問題出在面容上，而實際上是出在裝束上。**

【看臉時代】

填寫打扮習慣表

下表6-4是分析裝扮習慣的表格，請回顧一下過去被他人指責穿衣風格的情景。若你過去不在意穿搭，那麼現在請仔細想一下當時為什麼會被批評。

▶ 表6-4　打扮習慣分析表

狀況	被指責打扮的經驗	改善打扮習慣的方法
2022年5月1日（約會）	約會時穿運動褲。	牛仔褲、西裝褲
2021年12月24日（前年平安夜相親日）	在相親場合穿羽絨外套。	套裝

06

散步，能治療焦慮

我高三時，對外型有嚴重的心理自卑，那年冬天，一吃完晚餐，我就會出門的散步。除了容貌壓力之外，當時還面臨重考危機，陷入諸多憂慮中。爸媽建議我去散步，他們擔心我因為掉髮問題足不出戶，勸我出門透透氣。

從那時起，我每晚會戴上帽子、穿上外套，沿著家附近的海邊或人行步道走，一開始只是簡單繞一圈，後來散步時間加長，不知不覺就一路走下去。雖然不知曉確切的原因，但我清楚感覺到我的心情變好了。

學生時期的我，幾乎與各種運動絕緣，散步成了我最快樂的時光之一。

在我成為醫學系學生後，我了解到運動會使人體產生一種叫血清素（Serotonin）的神經傳導物質，它能讓人心情變好。而後我當上精神科醫生，我又領悟到增加身體的運動量，是治療憂鬱症的一種方法。在外貌自卑嚴重時，我未意識到當時在沙灘與公園散步的行動，本身就是一種治癒。

直到現在，每當我感受到壓力時，我會刻意撐起沉重、疲憊的身軀，出門散步或騎腳踏車。運動能消除心中雜念，運動結束後，會感覺自己變得健康，也會很有成就感，這些都有助於提高外貌自尊。

行為與外貌自尊

一個人的行為，會展現出其對顏質的想法、感覺與態度，觀察某人的行為，能推測出那個人的自信心高低。例如：常減重或增重的人，可能對自身體重感到不滿；在陽光燦爛的週末，頂著染成咖啡色的波浪型捲髮，穿著天藍色無袖洋裝走在公園裡的人，很在乎自己的形象，推測她應該也有良好的外貌自尊。

喜歡宅在家、出門也會刻意避開人多的地方、手機相簿中沒有自拍照的人，可能正在經歷非同小可的自卑心理；有些外貌自尊低的人是運動絕緣體，有些人是單純嫌麻煩而不運動，有些人則是想動卻不能動。

重度外貌焦慮症患者，會因他人的目光而畏縮、減少外出活動，也絕對不會去人多的體育館、健身房，還有會直接暴露真實身材的游泳池等。

假使不得已要露出肉體，他們也會挑人少的晚上運動，且他們喜愛穿夾克、寬鬆衣服，或是不顯眼的低調色系。

缺乏自信心的人，在公園、百貨公司、街道等人多的地方，會感到不自在，其原因背面隱藏著他們的憂慮，內心害怕他人看見真實的自己。

每個人對長相評價的恐懼與不安各有不同，有些人即使畏懼人潮眾多之處，也依然會逼迫自己上學、上班，並維持日常生活，

如果是這類患者，就會像宅男宅女一樣隱居家中，這是由於自信心不足引發的外貌焦慮（Social appearance anxiety），因而出現迴避行為。

這種行為會導致生活品質降低。下頁表6-5是關於檢測外貌焦慮的問卷，請檢查一下你對容貌的憂慮程度吧。

▶ 表6-5　外貌焦慮度檢視表[12]

	項目	完全不同意	不同意	普通	同意	非常同意
1	我不在乎別人怎麼看待我。					
2	別人幫我拍照時，我會很在意。					
3	當我意識到大家都在看我的時候，我會很緊張。					
4	我擔心人們會因為我的臉蛋而不喜歡我。					
5	我擔心人們在我背後說我長相的壞話。					
6	我擔心人們因為我的外表不佳，而對我心生排斥。					
7	我怕人們覺得我沒有魅力。					
8	我擔心我的人生因為顏質而困難重重。					

接下頁

	項目	完全不同意	不同意	普通	同意	非常同意
9	我擔心我的樣子會害我錯過好機會。					
10	因為我的容貌，我和人們講話時很緊張。					
11	當別人談論我的相貌時，我很不安。					
12	我常常擔心我的面容達不到他人的標準。					
13	我擔心別人會因為我的模樣而做出負評。					
14	我發現別人在注意我外型上的缺點時，我會感到不舒服。					
15	我擔心我的戀人因為我的外觀跟我分手。					
16	我擔心人們會覺得我的形象不怎麼樣。					

- 回答第 15 題時，請假設你現在有交往對象。
- 總分：16～80 分（分數越高，社會外貌焦慮度越嚴重）。
- 計分方式：完全不同意（1 分）、不同意（2 分）、普通（3 分）、同意（4 分）、非常同意（5 分）。第 11 題為反向計分。

【看臉時代】

擺脫外貌焦慮的五種方法

1. 策劃能讓自己開心的活動

每個活動項目的抗憂鬱效果因人而異，與其單純增加活動量，不如增加能讓自己開心與有意義的活動（參考下方表6-6）。

大部分憂鬱的人很難增加活動量，心情鬱悶時，自然就會減少活動量，行動上的微小變化就像滾雪球一樣，會為情緒與心境帶來改變。

▶ 表6-6　抗憂慮計畫表

能讓自己開心的活動項目	計畫	從事活動後的心情變化（0～10）
溜狗	吃完午餐後，去公園溜狗。	2

2. 檢驗自己是否做好心理準備

「家」對外貌焦慮症嚴重的人而言是避風港，由於極度不安與對外出的恐懼，會延長與社會隔絕的時間。然而，與世隔絕會變成日常生活與實現目標的絆腳石，當事人也不會希望過著足不出戶的生活。

罹患此病症的人，首要之務是掌握正確的方向與節奏。首先要想好自己現在能做的事，如果還不到能外出的狀態，就從室內運動（如體操、舉啞鈴等）開始。除此之外，也可以考慮調整外出時間，如果有合適的人，不妨請求他的協助。

有些人會指責、批評他人的樣子，但大部分的人不會那麼做。最重要的是，你過去所遇見的人，和你現在、未來會遇見的人不會一樣。擺脫外貌焦慮症的第一步是，回顧自己是否懷疑過對方在評價你的長相。

3. 參加隱居病患的醫療支援活動與互助會

有些病患因外表上有痼疾而長期待在家中，這種現象在韓國稱為「隱居病患」，會有針對他們舉辦的醫療支援活動。如果你受相貌疾病所苦，例如：燒傷、傷疤、過胖、臉部畸形、牙齒疾病、嚴重禿頭等，可以考慮申請此類活動，從長遠來看，能幫助你提高自立能力。[13]

如果你隱居在家的原因是疾病，也可以考慮參加互助會。罹患某些病症的病患，在專家主導下開設互助會，一方面能幫助患者之間交換經驗，另一方面也能從專家那裡獲得最新知識。

4. 檢查外型

外貌焦慮症嚴重的人，易發生臉部表情或動作僵硬、畏縮的情況。這些行為會給人不友善的錯覺，在面試等情境下，很可能被扣分。

- 表情與姿勢：這類型的重度患者因為自我意識過剩，所以和人見面時會緊張。由於對自身顏質沒信心，因此即使是保持距離的對話，也無法自然的進行眼神接觸，他們的目光經常望向地板，整體上給人沒自信的感覺。

害怕與人眼神交會，以及因緊張導致不自然的表情與動作，都會帶來不好的印象，最後陷入對方永遠無法親近你的惡性循環。客觀檢查自己的神色與姿勢，並進行改正，方能成為正向人際關係的基礎。

- 眼神：外貌焦慮症嚴重的人，會迴避他人的眼神↓練習與人眼神對視，將會有所幫助。
- 走路：外貌焦慮症嚴重的人，很難抬頭挺胸走路↓練習抬頭挺胸走路，將會有幫助。

5. 理解外貌焦慮、長相與外貌自尊，三者之間的關係

相貌是身體的表面，當外型壓力超過一定程度時，就會引發容貌焦慮心理，最終孤立隱居。外貌焦慮症嚴重的人，其自尊心必然低下。長相是影響外貌焦慮症的因素之一，但外表對外貌自尊的影響會更大。

外貌焦慮並不等於心理自卑，而是難看的面容所引起的一種情緒。不管別人對「鏡中的我」說什麼，只要能接納自己，就不會有強烈的憂慮反應。反之，如果不能接受自己，就會非常擔心自身模樣，但實際上，外貌焦慮與個人美醜無關。

07 再好看的藝人回家也得素顏

我高三時，處於長相自卑的顛峰期。每天放學回家後，就會倒在床上，身體無比疲憊，大腦卻像蜂窩一樣複雜。在學校裡，聽到大家在聊掉髮的話題，我明明治療了落髮，卻不見起色。

其實，我過去不覺得那是問題，我和家人在一起時，從來不會因為掉髮所帶來的外型變化而感到不自在。但高三時，晚餐時間、寫大學入學考試題庫時、看電視時、讓腦袋放鬆休息時等，我時時刻刻都在想有關外表的事。不管在家或在學校，只要醒著，相貌壓力便如影隨形，令我心情十分沉重，且敏感不已。

然而，外貌自尊高的人，就算在外面聽到令自己不愉快的話，回到家後也波瀾不驚。他們的思想迴路有過濾負面言語的功能，就算被「真相攻擊」，大腦也能迅速消化，把惡意抨擊的話語加以釋懷。外貌自尊低的人恰好相反，白天聽到他人說：「你應該徹頭徹尾改頭換面才對。」回到家躺在床上、看電視、洗澡時，會不斷回想他人說的那句話，承受著連鎖的打擊。

他們大腦的反芻（rumination）迴路，導致他們消化批評的時間比別人長，外貌自尊恢復的時間自然也會不足，就像消化功能差的人，會飽受便祕與高頻率腹痛所苦一樣，反芻時間越長，越容易引發自我貶低思維，會覺得「沒錯，我應該要大改造才對」。

外貌自卑的淨土

出門在外時，特別容易感受到心理自卑，無論是明顯的長相畸形、單眼皮造成的凶惡印象、長滿痘痘的豆花臉、肥胖、個子矮小等，這些人的共同點是，和人見面時，會特別在意自己有缺陷部位。

相對的，在家裡或一人獨處的空間裡，顏質壓力會自動降低，也不會覺得樣貌有那麼重要。不管自己長得是不是像藝人一樣好看，每個人回家都會脫鞋、卸妝，並換上舒服的居家服，就像韓劇《女神降臨》的主角一樣，縱使是化妝技巧再高超的人，回到家不也都是素顏。

把「對外用」的外表，換成「居家用」的外表時，能讓人放鬆身心。大部分的人都覺得，在家時的樣子並沒那麼重要，一個人在家吃晚餐、躺在床上休息，長得如何其實並無所謂，不管你是像陶瓷一樣的光滑肌，還是長滿青春痘的痘痘肌，是身高一百八十公分的巨人，還是一百六十五公分的哈比人，都不會影響一個人在家享受吃晚餐、聽音樂或看 YouTube 的樂趣。

簡言之，有些空間，能讓外貌自卑徹底煙消雲散。

外貌自尊低的人在家裡會照鏡子，把全副心思都放在瑕疵部位，反芻在外面聽到的各種外型評價，使自己壓力山大。不管白天發生什麼事，不管聽到了什麼樣的話，回家都要好好休息、享用晚餐，但他們做不到。

就連在能讓外貌自卑徹底消失的「淨土」也無法擺脫難關時，被踐踏的外貌自尊便無法喘息。遺憾的是，大腦不擅長多工處理，同時反芻長相與休息兩件事，會讓大腦無法充分休息。

在不需要在意容貌的情況下，若還在承受心理壓力的話，就應該考慮其他有用的方法，像是思考停頓法（Thought stopping）或正念認知療法。

【看臉時代】

正念的力量

1. 用思考停頓法擺脫反芻思維

- 每當出現自我折磨的想法時，請「停止」思考。
- 透過「停止」的動作遠離糾結的負面情緒，並往正面思考。

思考停頓法是改善鑽牛角尖，以及停止自我責備的心理技巧。如果有比「停止」胡思亂想更適合自己的技巧，不妨自行調整並運用之。

2. 設置不用担心外貌美醜的淨土

如果你一整天都在擔心長相，那麼請自行設置「正念認知」的淨土吧。正念認知是指把整副專注力放在某個地方，從某些方面來說，它與多工處理背道而馳。思考停頓法是停止思考的技術，而正念認知則是教人如何專注於當下。

- 外型派不上用場的地方與情況：我並不同意「臉蛋完全不重要」這句話，因為在外貌至上主義的社會，很多人承受著顏質壓力，這是不可否認的事實。

對某些人來說，任何言語都無法安慰相貌造成的疲憊，然而事實上，某些時候是不需要外表的，這也是不爭的事實。

- 放下容顏壓力：告訴自己現在正處於外貌淨土，「長相在這裡不會影響到我」、「躺在床上休息、追劇、看 YouTube 時，樣貌派不上用場」、「在電影院看電影或散步時，外觀一點都不重要」，放下從某人那裡承受的形象壓力吧！
- 充分享受身體的感知：聽到的聲音、身體的觸覺、眼前的景象與影片、呼吸時，觀察橫膈膜與腹部的動作。
- 應對雜念的方法：就算是養成正念認知習慣的心理專家，也無法百分百擺脫雜念。在進行正念認知的過程中，雜念也會如潮水般湧來，如果浮現其他的想法，就正念認知它，並告訴自己：「你暫時有其他的思慮了吧，重新當下的專注吧」、「你現在想起關於面貌的事，但現在不需要容貌，專注眼前的事吧」。

心理專家習慣用正念認知緩解壓力，他們在工作上、日常中同樣會受到壓力，不過他們會善用它，例如：吃飯時，享受在食物中；看電影時，投入在電影裡；走在走廊上時，專注在走路的感覺上。

因為我們都無從改變過去與未來，暫時放下不能自我控制的煩惱，並專心於當下的現實，能減少不必要的能量消耗。

對曾經身為外貌自尊心低下的高中生的我來說，當時雖然不懂正念認知，但是必定也有所謂的外貌淨土，如果當時我能享受一些無須在意樣貌的時刻，也許就能更快恢復自信心。

人心最自由與健康的時候，不是活在過去或未來，而是活在現在。

08

臉蛋出眾的人壓力更大

考慮整型的人都會有的共同特徵是，希望特定的身體部位能像某個藝人一樣好看。在顏質即一切的社會，藝人被認為是位於臉蛋金字塔頂端的「神級長相」。令人驚訝的是，有些藝人也有心理自卑，這對普通人來說難以置信，甚至有些藝人是人們認為最好看的「視覺中心」[16]。

從普通人的立場看來，可能會覺得這是俊男美女的謙虛，或是不必要的惺惺作態。不過，藝人對自己的容貌感到謙虛也有其道理。

因為外貌心理學認為，藝人的相貌顯著性（Salience）高，簡單來說，面容對他們很重要，在他們一天的行程裡，關於容顏的行程比例特別高。藝人們「自知長得好看」，但些許的外型差異，會使他們在偶像團體組合中，被賦予不同的角色，或是知名度的落差。

儘管普通人不會在意那些微小的外表差異，但藝人會不斷照鏡子，進而造成長相自卑。

部分普通人過度重視相貌，他們投資在外觀的金錢與時間雖不及藝人，卻比普通人多。仔細看他們一天的日程安排，與顏質相關的行程也不遑多讓。

這些人從上班前的打扮時長就很驚人，用比別人更多的化妝品和化妝刷具打扮，並因煩惱穿什麼衣服和鞋子而遲到。除了洗手間的鏡子，他們還會用小鏡子和全身鏡檢查服裝儀容後，才願意走出大門。

就算不是特別的場合或聚會，他們也會因在意他人的目光，而穿上漂亮卻不方便的鞋子；在學校或公司，他們照鏡子的時長與次數是周圍之人的兩倍以上，還會拍幾十張不同角度與距離的照片與影片，並從中挑出一、兩張覺得完美的照片上傳社群媒體與YouTube，直到對按讚人數感到滿意為止。

如果遇到長得比自己好看或有人留言批評他們的樣子，他們就會心亂如麻。

臉蛋出眾的人之所以有容顏壓力，其根本原因是面容相關的行程占比過高，

16 指偶像男團或女團中，外貌最出眾的人。

因為樣貌對他們來說有特別的意義。

雖說僅憑模樣無法確認他們的自尊心高低，不過他們的外貌自尊大多比相貌低落。

從長遠來看，為了提高這類人的外貌自尊，最重要的是，降低容貌對自己的重要性，放寬嚴苛的標準，並用更開放的態度面對「鏡中的我」。

【看臉時代】

種下外貌自尊的種子

訓練外貌自尊與種植植物有許多相似之處，若想要種植物，就必須播種、施土、提供植物水分與陽光等，訓練外貌自尊同樣也需要竭心盡力，並不停管理。

不過，這說來容易做來難，光是重新分配投資在顏質的時間就夠難了，雖然說是這麼說，但一定要開始，就像舉起啞鈴才能刺激肌肉細胞一樣，在名為外貌自尊的庭園中所播下的種子，有朝一日會成為支撐我們的大樹。

1. 選擇自己要種下的種子

- 工作：增加工作時間或實踐過去十年想要做卻沒做的事（如做料理、做瑜伽、學外文、學聲樂等）。
- 休閒娛樂：增加與外貌無關的休閒娛樂時間（如彈鋼琴、種植物、去美術館等）。
- 人際關係：多和不在意外表的人共處，並進行不以長相為目的的交流（運動同好會、讀書會、旅行等）。
- 健康：增加與健康有關的活動（如壁球、游泳、保齡球、登山、散步等）。

2. 日程表的變化（參見下頁表6-7）

確認一下自己一天的日程表中，有多少時間花在外型上，多數人都會在適當的範圍內，**如果你發現你花在外觀的時間比例過高，不妨找其他活動代替。**

舉例來說，你一天有六小時在做與相貌相關的事，等於一天投資二五%的時間在這之上。種下外貌自尊種子（如登山）後，時間將會從六小時減少到五小時。

要一次性調整日程表並不容易，但減少照鏡子的次數才能與鏡中的自己更親近。無論如何，一天都只有二十四小時，在外貌自尊種子發芽的過程中，我們對「鏡中的我」感到挫敗的總時長會逐步減少。

▶ 表6-7　在種下外貌自尊種子後，讓人期待的日程表變化

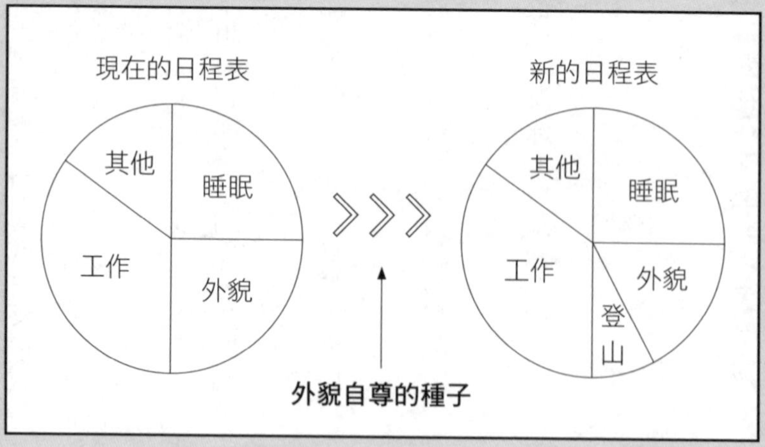

09 超沒自信的那一年，我一年捐血十次

有些人即便外貌自尊再高，也不可能對自己的全身都感到稱心如意。嚴格來說，外型滿意度高的人，會對特定部位抱有遺憾。

一個個子高、皮膚好、五官立體、身體健康的人，不管他的人生多麼十全十美，產生變數的機率近乎於零，從數學的概念來看，每個人都曾對外表不滿。不管長得貌似潘安或美如天仙，偶爾還是會對鏡中的自己感到厭惡，這與客觀樣子的不完備性（Incompleteness）有關。

外貌自尊不取決於客觀長相，反倒是受主觀感受的影響更大。**哪怕相貌平凡無奇，得不到周遭之人的稱讚，但只要當事人不討厭「鏡中的我」，就能擁有高外貌自尊。**

某些具有高度自信的人就是如此，長得雖沒別人好看卻能完全接納自己的模

樣，如果你能像他們一樣深情看待鏡中的自己，鏡中的你一定也會深情回望，因為決定外貌自尊的不是「鏡中的我」，而是「鏡外的我」。

不過，低外貌自尊者多半傾向在外貌上尋找解答。有時候，他們需要改善的不是外型而是自尊心，因為身體意象與自尊心是會相互影響的。[14]

某研究報告表明，外貌自尊高的人對眼睛大小的感知能力（感覺到魅力）較高。[15]我自己在大一時，曾親身感受過這點。

我上大學後，有空就會去捐血。第一次捐血純粹是因為好奇心、捐血小禮物，以及做好事的滿足感。捐血後，我獲得了可觀的獎勵（捐血證書、餅乾和紀念品等），「捐血一袋，救人一命」為我帶來的精神鼓舞也非常可觀。

在我缺乏自信心的大一時期，我一年捐血數十次以上。

當時，我並沒有認知到捐血的背後動機是想重振外貌自尊。我孤注一擲，盼望透過捐血幫助別人，以提高自我價值感。與其說我幫助他人，但我認為更正確的說法是，儘管我的客觀顏質一如既往，但我靠著捐血次數累積外貌自尊，多少對鏡中的自己感到自豪。

對外表不滿的人比誰都還關注外表，他們習慣檢查與檢視自己的身體部位，不過他們往往會忘記身體其他部位的功能，不在乎如何運用之。

對他們來說，身體更像裝飾品。比方說，他們重視「身材照」的美醜多於身體原有的能力；吃東西時，不會觀察食物的味道與營養成分，只會計算熱量；去健身房運動時，熱衷打造理想身型勝過於享受運動本身。

撇除不舒服的情況，他們認為「身體＝外貌」，他們雖然是身體的主人，卻站在第三者的觀點對待自身身軀。

身體意象專家暨心理專家妮可．伍德（Nicole Wood）表示，在利用與認識身體功能的過程中，能減少對相貌的注意力，因此多運用身體的眾多功能，有助改善身體意象。

例如，在盛夏時，有兩位穿著短褲走在沙灘上的人，一位是能盡情享受陽光與沙灘的人，一位是只在意自己的身材曲線的人，兩人使用身體的方式大相逕庭。

前者專注於身體的感受，後者只注重外觀，即使兩人長得一樣，其身體意象也有極大的差異。前者作為身體的主人，專注於認識身體的感知，後者只站在第三者的立場，監視著自己。若能從監視者變成身體的主人，將會大幅提升你的外貌自尊。

【看臉時代】

運動能改善身體意象

1. 參加公益活動

就像身體與我的關係密不可分，身體意象與外貌自尊也是一體的。身體意象的變化必然會影響外貌自尊，外貌自尊的改變必然也會影響身體意象。因此，假設某人的外貌自尊分數為四十分，而當他提升自信時，即使外表不變，其自信心也會有所提升。

每個人都會記得自己學生時期不情不願去做公益的事，因為大眾對「做公益」的認知是「我單方面給予別人東西」，所以才嫌麻煩，但對某人做出貢獻的行為，會帶給身體意象與外貌自尊帶來正面影響。

學生時期做公益屬於義務性，現在為了提振外貌自尊，不妨試著做公益活動。如果真的對公益活動很反感，不妨嘗試一下簡單的「助人為快樂之本」。做公益雖然看似與自尊心無關，但其累積下來的感受，絕對有助於外貌自尊的恢復。

2. 分析身體活動的圖表

下表6-8是有關身體活動的表格。每個人活動身體的宗旨各異，有人是為了健康，而有人則是為了減重而做健身運動。

請記錄下你的活動，並分析其意圖。如果你發現你的目的全聚焦在相貌上，請試著用其他活動代替之。

▶ 表6-8　身體活動紀錄表

身體活動	外型目的	長相以外的目的（健康、愉快、成就感）
健身操	○	
自行車		○

10

如果嘲諷者是家人，傷害更大

樣貌被嘲笑，外貌自尊就會受傷，如果嘲諷的人是自家人，便會加劇當事人對身體的不滿意度，這和前面章節所提及，伴侶說的話會深刻影響外貌自尊，是相似的道理。

一般而言，即使子女的客觀容貌不好看，父母也會覺得自己的孩子最好看。儘管上一代對顏質的重要性認知有所提升，中年人整型率也隨之攀升，但上一代仍舊保有傳統思想觀念，無法完全了解青少年為何受長相所苦，不將子女的心理自卑當一回事，或認為這是青春期的必經過程，甚而拿子女的模樣開玩笑，又或是在不知不覺間，更關心、疼愛長得更好看的子女。

兄弟姐妹也對外貌自尊有很大的影響，相貌雖是遺傳，但也並非完全皆為遺傳，偶爾會有一、兩個子女集父母優越外型基因於一身，使其他兄弟姐妹的外貌自尊備受威脅。

不管當事人的客觀面容如何，若與「臉蛋天才」的兄弟姐妹互相比較，必定會引起自卑感。兄弟姐妹之間，交流的時間本就多，更有研究結果表示，兄弟姐妹之間最容易自己關起門來批評彼此的容顏。[16]

如有性別相同、年齡相仿的兄弟姐妹，其相互的影響就會更大。兄弟姐妹之間會互相評論外觀、分享化妝品資訊與服裝穿搭，也有兄弟姐妹會共享整型資訊。

令人擔憂的是，親戚之間也經常談論個人美醜，逢年過節聽到親戚對我評頭論足，就算對方沒有惡意卻也無益外貌自尊的發展，再者，若親戚只稱讚我的話，有可能會導致兄弟姐妹之間的無形較量。

值得安慰的是，**家庭具有正向影響，家人的一句溫暖鼓勵，會帶給外貌自尊正面影響**，兄弟姐妹能成為我的盟友，而非競爭對手。

【看臉時代】

就算家人否定你，也不必氣餒

1. 提到長相時要謹慎

我們對相貌的信念、態度、感知與行動，都深受家庭的影響，外貌心理學指出，溫馨和睦的家庭環境，能提高個人對身體的滿意度，是形成正面身體意象的基礎。

家人説的話比他人説的話更具影響力，因此，當你在對家人提起外表相關話題時，除了傳達想説的內容之外，要多留意語調和場合。

2. 禁止評價長相

親朋好友通常只在重要節日或婚喪喜慶上見面，如果有家人被親戚評頭論足，承受容顏壓力的話，在大家碰面之前，可以先請對方留意。

3. 不拿容貌做比較

比較一定會讓某一方受挫，被氣得昏頭，所以比較外型時要小心。

4. 減少對話中關於顏質的比例

某項針對瑞典青少年進行的研究揭露，外貌自尊高的家庭，家人之間聊髮型和服裝勝於聊身材。[17] 也就是說，他們較少聊到不可能改變或不易改變的身體部位，更常聊到能靠訓練改善的部位。

5. 不管模樣如何都要尊重他人

小時候與家人建立深刻的依戀關係，能提高身體滿意度，在社會化過程中，能形成抵禦外貌至上主義社會壓力的保護網。即便因意外疾病或事故造成外表變形，只要內心夠強大，被動搖的幅度也就不會太大。

請試著回想，你與家人之間是否建立了深厚的信任，並互相「尊重與愛」。就算家人否定了你的樣子，你也不必氣餒。父母那一代的人，大多不了解外貌自尊，父母說的話有可能不是出於惡意。

11 百歲時代，中年整型趨勢上升

年齡是影響每個人外貌自尊的重大變數，時間會改變我們的容貌，且或多或少影響到關於外貌自尊的其他因素。近來，中年族群的整型率呈上升趨勢。[18]

中年族群的整型心理十分多樣化，現在是所謂的「百歲時代」[17]，中年族群覺得「未來的日子比過去的日子長」，整型有可能是想完成年輕時因周圍之人阻攔，而沒能實現的臉蛋心願清單：像是兒女的相見禮[18]等。

過了外型顛峰期，長相離「美」越來越遠，因為賀爾蒙與基礎代謝率的變化，下半身的脂肪全集中在腰部，體重計的數字也越來越大，頭髮不再烏黑也不再豐盈，還變得稀疏。

每個人都贊成「美」的標準，是擁有彈性且完美無暇的皮膚。人至中年，肌膚開始長了老人斑和皺紋，老化顯然會對外表產生負面影響，但上了年紀，外貌自尊就會因此下降嗎？

事實並非如此，儘管人各有異，不過研究報告不斷證明，外貌自尊會隨著年齡增長而增加。紐西蘭的某項研究指出，隨著人們年齡增長，其對外觀的滿意度也會隨之提高。[19]

從外貌心理學上解釋的老化對外貌自尊的正向影響如下：多發生在年齡相近、性別相同的人身上。我雖然長了皺紋，但周遭的人也一樣，即使客觀容顏有了變化，但相對來說差異不大，還有隨著年紀日漸增長，很少人會評價你的樣子，甚至很久沒聽到那些話了，因此越來越接受自己的模樣。

越靠近鏡子，鏡子裡的我的形體就會越大，也許有人認為鏡中的我就是一切，而且會永遠存在，但我們不可能一直縮短與鏡子的距離，這樣反而會拉遠距離。無論鏡中的我如何，每個人都是如此，透過自然而然遠離鏡子的過程，和鏡子外的我的距離就會縮小，哪怕只縮短一些些，也能減少對外型的不滿。

17 指因醫學進步，人人都能活到一百歲的當今時代。
18 指兒女結婚前，雙方家長與親戚一起見面的場合。

人的內心就像肌膚一樣，有治癒傷口的能力，隨著時間流逝，相貌造成的傷痕也會慢慢癒合，不管多嚴重的心理自卑，在深邃又寬廣的時間裡，終會變淡。

時間雖然不是靈丹妙藥，卻絕對有助於建立自信心，並能撫慰外貌自尊心的傷口。

結語

樣貌競爭，你也不擇手段的參與了嗎

多數人都在不知不覺之間參與了樣貌競爭，不擇手段的走向長相金字塔最高處。人們激烈競爭的動力是盲目的信念——只要取得勝利就能獲得成功與幸福。如果真是如此，那再好不過，但遺憾的是，事實並非如此。

如果你在顏質競爭中沒能取勝，我建議你踏上恢復自尊心之旅。

雖然目的地相同，但每個人恢復外貌自尊心的軌跡各異，不管是走哪條路線，這都不是一趟簡單的旅程，需要極大的耐性。偶爾會迷失方向、脫離軌道，或遇到難關，還會想著：「我走的路是對的嗎？我落後了嗎？」會被不安感折磨，說不定還會心生放棄的念頭。

但無論你從哪裡出發，外貌自尊的羅盤永遠會指向目的地，只要朝著正確的方向前進，即使中途徘徊也沒關係，一定能慢慢接近目的地。

每個人在恢復外貌自尊的旅途上，都會有所不同，同時還會伴隨著變數，儘管如此，我還是建議各位去旅行，因為我相信羅盤指出方向的旅程本身，是有意義的。

參考文獻

第一章　外貌至上，讓許多人好焦慮

1. Wood-Barcalow N, Tylka T, Judge C, Positive body image workbook, Cambridge University Press, 2021.
2. 《身體意象課程》（*The body image*）（韓譯本：바디 이미지 수업），Thomas Cash著。朴美羅（박미라）、金美淑（김미숙）、金寶拉（김보라）、金書賢（김세현）、趙妍珠（조연주）譯，Sawoo出版，2019。
3. Jarry JL, Berardi K, "Characteristics and e ectiveness of stand-alone body image treatments: a review of the empirical literature", Body Image, 2004;1(4):319-333.
4. 「外貌？人人都愛美……。」金秉希（김병희）專欄，《選擇經濟》（초이스경제），2017.7.24。
5. Moody TD, Sasaki MA, Bohon C, Strober MA, Bookheimer SY, Sheen CL, Feusner JD, "Functional connectivity for face processing in individuals with

body dysmorphic disorder and anorexia nervosa", Psychological Medicine, 2015;45(16):3491-3503.

第二章　改變不了第一印象，就扭轉最終印象

1. Chuan-Peng H, Huang Y, Eickho SB, Peng K, Sui J, "Seeking the common beauty in the brain: a meta-analysis of fMRI studies of beautiful human faces and visual art", Cognitive, A ective, & Behavioral Neuroscience, 2020;20:1200-1215.
2. Aharon I, Etco N, Ariely D, Chabris CF, O'Connor E, Breiter HC, "Beautiful faces have variable reward value: fMRI and behavioral evidence", Neuron, 2001;32(3):537- 551.
3. Slater A, Bremner G, Johnson SP, Sherwood P, Hayes R, Brown E, "Newborn infants' preference for attractive faces: the role of internal and external facial features", Infancy, 2000;1(2):265-274.
4. Krendl AC, Macrae CN, Kelley WM, Fugelsang JA, Heatherton TF, "The good, the bad, and the ugly: an fMRI investigation of the functional anatomic correlates

of stigma", Society for Neuroscience, 2006;1(1):5-15.

5. Astutik E, Gayatri D, "Perceived stigma in people affected by leprosy in leprosy village of Sitanala, Banten, Indonesia", National Public Health Journal, 2018;12(4):178-186.

6. Langlois JH, Kalakanis L, Rubenstein AJ, Larson A, Hallam M, Smoot M, "Maxims or myths of beauty? a meta-analytic and theoretical review", Psychological Bulletin, 2000;126(3):390-423.

7. 《在鏡子前度過太多時間》（*Beauty Sick*）（韓譯本：거울 앞에서 너무 많은 시간을 보냈다），Renee Engeln著，金文柱（김문주）譯，熊津知識之家出版，2017。

8. Signorelli F, Chirchiglia D, Functional brain mapping and the endeavor to understand the working brain, Lightning Source UK LTD, 2013.

9. Abdul LEN, Handbook of psychodermatology, Jaypee, 2016.

10. Wood-Barcalow N, Tylka T, Judge C, Positive body image workbook, Cambridge University Press, 2021.

11. The familiarity principle of attraction, Psychology Today, 2013. 2. 10.

第三章　我長得好不好看，由誰說了算？

1. Abdul LEN, Handbook of psychodermatology, Jaypee, 2016.
2. He J, Sun S, Lin Z, Fan X, "Body dissatisfaction and sexual orientations: A quantitative synthesis of 30 years research ndings", Clinical Psychology Review, 2020;81:101896.
3. Rumsey N, Harcourt D, The Oxford handbook of the psychology of appearance, Oxford University Press, 2012.
4. Grunewald W et al, "Appearance-ideal internalization, body dissatisfaction, and suicidality among sexual minority men", Body Image, 2021;38:289-294.
5. Kain N, Amar O, "Cosmetic surgery in men", Trends in Urology & Men's Health, 2020;11(4):22-26.
6. Mills JS, Musto S, Williams L, Tiggemann M, "'Sel e' harm: e ects on mood and body image in young women", Body Image, 2018;27:86-92.

7. Hogue JV, Mills JS, “The e ects of active social media engagement with peers on body image in young women”. Body Image, 2019;28:1-5.
8. 「整型聖地『江南』……聚集四百七十家整型外科，數量多於韓國五大廣域市。」，《聯合新聞》（연합뉴스），2017.12.16
9. Fogli A, “France sets standards for practice of aesthetic surgery”, Clinical Risk, 2009;15(6):224-226.
10. New guidelines to impact all doctors undertaking cosmetic medical and surgical procedures, Avant Mutual, 2016. 5. 20.
11. 「做完胸部手術後重生……變得能大方坦承整容。」，《韓經生活文化》（한경 생활 문화），2021.10.1。
12. 〈整型副作用增加的原因與對策〉，《每日醫學》（데일리메디），2009.9.3。
13. 「整型請找專業醫生做！」，《每日醫學》（데일리메디），2013.7.3。
14. Jones MD, Crowther JH, Ciesla JA, “A naturalistic study of fat talk and its behavioral and a ective consequences”, Body Image, 2014;11:337-345.
15. Mills J, Mata A, Ling M, Trawley S, “The impact of di erent responses to

negative body talk on body satisfaction, shame, and future negative body talk likelihood: a UK sample", Body Image, 2021;38:325-333.

16. Andrews RM, Browne AL, Drummond PD, Wood FM, "The impact of personality and coping on the development of depressive symptoms in adult burns survivors", Burns, 2010;36(1):29-37.

17. Baker CA, "Factors associated with rehabilitation in head and neck cancer", Cancer Nursing, 1992;15(6):395-400.

18. Brown BC, Moss TP, McGrouther DA, Bayat A, "Skin scar preconceptions must be challenged: importance of self-perception in skin scarring", Journal of Plastic, Reconstructive & Aesthetic Surgery, 2010;63(6):1022-1029.

19. Finzi A et al, "Psychological distress and coping strategies in patients with psoriasis: the psychae study", Journal of the European Academy of Dermatology and Venereology, 2007;21:1161-1169.

20. Sarwer D, Whitaker L, Bartlett S, "Psychological functioning of adolescents born with craniofacial anomalies", Craniofacial Surgery, 2001;9:224-226.

21. Thompson AR, Kent G, Smith JA, “Living with vitiligo: dealing with difference”, British Journal of Health Psychology, 2002;7:213-225.

22. Egan K, Harcourt D, Rumsey N, “The appearance research collaboration, aqualitative study of the experiences of people who identify themselves as having adjusted positively to a visible difference”, The Journal of Health Psychology, 2011;16:739-749.

23. Wilhelm S, Phillips KA, Steketee G, Cognitive-behavioral therapy for body dysmorphic disorder, Guilford, 2012.

24. Clerkin EM, Teachman BA, “Perceptual and cognitive biases in individuals with body dysmorphic disorder symptoms”, Cognition & Emotion, 2008;22(7):1327-1339.

25. Croley JA, Reese V, Wagner RF, “Dermatological features of classic movie villains: the face of evil”, JAMA Dermatology, 2017;153(5):559-564.

26. 「助長整型的不實想法，廢除《Let美人》。」，整型外科醫生協會，《Mediaus》，2015.7.17。

第四章　因為這些不完美，讓你顯得美！

1. 「白斑症」的模特兒哈洛表示：「我愛自己的時候獲得了新的機會。」，《韓民族日報》（한겨레），2018.8.22。
2. Lai YC, Yew YW, Kennedy C, Schwartz RA, “Vitiligo and depression: a systematic review and meta-analysis of observational studies”, British Journal of Dermatology, 2017;177(3):708-718.
3. Fornaini E, Matera C, Nerini A, Policardo GR, Gesto CD, “The power of words: appearance comments from one’s partner can affect men’s body image and women’s couple relationship”, International Journal of Environmental Research and Public Health, 2021;18(17):9319.
4. Shakoor A, Shaheen JA, Khan JI, “Association of anxiety and depression with acne: evaluation of pathoplastic effect of adolescence on this comorbidity”, Journal of Pakistan Association of Dermatologists, 2012;22(4):336-341.
5. Zaenglein et al, “Guidelines of care for the management of acne vulgaris”, Journal of the American Academy of Dermatology, 2016;74(5):945-973.

6. Chiu ABS, Chon SY, Kimball AB, “The response of skin disease to stress. changes in the severity of acne vulgaris as a ected by exam stress”, Archives of Dermatological Research, 2003;139:897-900.
7. 《成為長毛的人》（毛난 사람이 되자），大韓毛髮學會，Moohan出版，2008。
8. 「說不出口，悶在心中的千萬掉髮人……雖不至於死，但其痛苦與死無異。」，《經濟朝鮮》（이코노미조선），2020.6.14。
9. Abdul LEN, Handbook of psychodermatology, Jaypee, 2016.
10. Gaber MA, Doma HE, “The psychosocial e ect of androgenetic alopecia in males and females”, Menou a medical journal, 2021;34:87-92.
11. 《我為什麼一站在人前就發抖？》（나는 왜 남들 앞에만 서면 떨릴까?），尹東旭（윤동욱），Ollim出版，2019。

第五章　看臉的時代，外貌自信得這麼來！

1. Festinger L, “A theory of social comparison processes”, Human Relations, 1957;7:117-140.

2. Altabe M, Wood K, Herbozo S, Thompson JK, "The physical appearance ambiguous feedback scale(PAAFS): a measure for indexing body image related cognitive bias", Body Image, 2004;1:299-304.
3. Cash TF, "Developmental teasing about physical appearance: retrospective 甲、descriptions and relationships with body image", Social Behavior and Personality:
乙、An International Journal, 1995;23:123-130.
4. Wilhelm S, Phillips KA, Steketee G, Cognitive-behavioral therapy for body dysmorphic disorder, Guilford, 2012
5. Sandoz EK, Wilson KG, DuFrene T, Mindfulness and acceptance workbook for body image: letting go of the struggle with what you see in the mirror using acceptance and commitment therapy, New Harbinger Publications, Inc, 2013.
6. Harker L, Keltner D, "Expressions of positive emotion in women's college yearbook pictures and their relationship to personality and life outcomes across adulthood", Journal of Personality and Social Psychology, 2001;80:112-124.

7. Cha MY, Hong HS, "Effect and path analysis of laughter therapy on serotonin, depression and quality of life in middle-aged women", Journal of Korean Academy of Nursing, 2015;45(2):221-230.
8. Coles NA, Larsen JT, Lench HC, "A meta-analysis of the facial feedback literature: effects of facial feedback on emotional experience are small and variable", Psychological Bulletin, 2019;145(6):610-651.
9. 《療癒身心的笑容治療》（몸과 마음을 치유하는 웃음치료），李林善（이임선）著，Hanam出版，2010。
10. Tiggemann M, Williamson S, "The effect of exercise on body satisfaction and selfesteem as a function of gender and age", Sex Roles, 2000;43:119-127.
11. Rumsey N, Harcourt D, The Oxford handbook of the psychology of appearance, Oxford University Press, 2012.
12. Mitchell AJ, Chan M, Bhatti H, Halton M, Grassi L, Johansen C, Meader N, "Prevalence of depression, anxiety, and adjustment disorder in oncological, haematological, and palliative-care settings: a meta-analysis of 94 interview-

based studies", The Lancet Oncology, 2011;12:160-174.

13. 「乳癌患者年輕化……考慮到『生活品質』進行治療。」，《健康朝鮮》（헬스조선），2020.1.3。

14. 《精神腫瘤學入門》（정신종양학 입문），金鐘欣（김종흔），國立癌症中心，2019。

15. Clarke A, Castle B, Handling other people's reactions: communicating with confidence when you have a disfigurement, Changing Faces, 2007

第六章　不管別人想，我就喜歡鏡中的自己

1. [M+企劃……外貌至上主義 1]（演藝圈，外貌成為了必然的標準？），《每日經濟》（매일경제），2016.3.17。

2. Rumsey N, Harcourt D, The Oxford handbook of the psychology of appearance, Oxford University Press, 2012.

3. Clarke A, Thompson A, Jenkinson E, Rumsey N, Newell R, CBT for appearance anxiety: psychosocial interventions for anxiety due to visible difference, Wiley

Blackwell, 2014.

4. Lindberg L, Hagman E, Danielsson P, Marcus C, Persson M, "Anxiety and depression in children and adolescents with obesity: a nationwide study in Sweden", BMC Medicine, 2020;18(1):30.
5. Danielsen YS, Stormark KM, Nordhus IH, Mæhle M, Sand L, Ekornås B, Pallesen S, "Factors associated with low self-esteem in children with overweight", Obesity Facts, 2012;5:722-733.
6. Rebecca MP, Chelsea AH, "Obesity stigma: important considerations for public health", American Journal of Public Health, 2010;100(6):1019-1028.
7. Rubino F et al, "Joint international consensus statement for ending stigma for obesity", Nature Medicine, 2020 ;26(4):485-497.
8. 「韓國肥胖學會的肥胖治療指南」，韓國肥胖學會治療指南委員會，2020。
9. Wood-Barcalow NL, Tylka TL, Angustus-Horvath CL, "''But I like my body'': positive body image characteristics and a holistic model for young-adult women", Body Imag, 2010; 7(2):106-116.

10. Evens O, Stutterheim SE, Alleva JM, “Protective filtering: a qualitative study on the cognitive strategies young women use to promote positive body image in the face of beauty-ideal imagery on Instagram”, Body Image, 2021;39:40-52.

11. Lõhmus M, Sundstr?m LF, Bj?rklund M, “Dress for success: human facial expressions are important signals of emotions”, Annals Zoologici Fennici, 2009;46:75-80.

12. 〈韓國版社會外貌焦慮症案例及其適當性〉（한국판 사회적 의모불안 척도 번안 및 타당화），李敏智（이미지），德成女子大學碩士論文，2020。

13. 「與隱居病患在一起的四年，真的很幸福」，《健康京鄉》（헬스경향），2020.12.16.。

14. Mendelson BK, White DR, Mendelson MJ, “Self-esteem and body esteem: effects of gender, age, and weight”, Journal of Applied Developmental Psychology, 1996 ;17:321-346.

15. Felisberti FM, Musholt K, “Self-face perception: individual differences and discrepancies associated with mental self-face representation, attractiveness and

self-esteem", Psychology & Neuroscience, 2014; 7 (2):65-72.

16. Nerini A, Matera C, Stefanile C, "Silbings' appearance-related commentary, body dissatisfaction, and risky eating behaviors in young women", European Review of Applied Psychology, 2016 ;66 (6):269-276.

17. Frisen A, Holmqvist K, "What characterizes early adolescents with a positive body image? a qualitative investigation of Swedish girls and boys", Body Image, 2010; 7:205-212.

18. 「出現在整型外科的中年人人數明顯增加。」，《醫學健康》（메디팜헬스），2017.8.18.。

19. Hockey A, Milojev P, Sibley CG, Donovan CL, "Body image cross the adult lifespan: a longitudinal investigation of developmental and cohort effects", Body Image, 2021;39:114-124.

國家圖書館出版品預行編目（CIP）資料

看臉時代必修，外貌心理學：對外貌、身材敏感的你，不必再「容貌焦慮」，也能散發吸引力。／釜雲洲著；黃莞婷譯. --初版.--臺北市：大是文化有限公司，2023.06
288面；14.8×21公分. --（Think；252）
譯自：외모 자존감 수업：외모에 예민한 당신을 위한 심리 기술과 실천법
ISBN 978-626-7251-38-6（平裝）

1. CST: 自信

177.2 112000492

Think 252

看臉時代必修，外貌心理學

對外貌、身材敏感的你，不必再「容貌焦慮」，也能散發吸引力。

作　　者／釜雲洲
譯　　者／黃莞婷
責任編輯／許珮怡
校對編輯／林盈廷
美術編輯／林彥君
副 主 編／馬祥芬
副總編輯／顏惠君
總 編 輯／吳依瑋
發 行 人／徐仲秋
會計助理／李秀娟
會　　計／許鳳雪
版權主任／劉宗德
版權經理／郝麗珍
行銷企劃／徐千晴
行銷業務／李秀蕙
業務專員／馬絮盈、留婉茹
業務經理／林裕安
總 經 理／陳絜吾

出 版 者／大是文化有限公司
臺北市 100 衡陽路 7 號 8 樓
編輯部電話：（02）23757911
購書相關資訊請洽：（02）23757911 分機122
24 小時讀者服務傳真：（02）23756999
讀者服務E-mail：dscsms28@gmail.com
郵政劃撥帳號：19983366　戶名：大是文化有限公司
法律顧問／永然聯合法律事務所
香港發行／豐達出版發行有限公司“Rich Publishing & Distribut Ltd”
地址：香港柴灣永泰道 70 號柴灣工業城第 2 期 1805 室
Unit 1805, Ph. 2, Chai Wan Ind City, 70 Wing Tai Rd, Chai Wan, Hong Kong
電話：2172-6513　傳真：2172-4355
E-mail：cary@subseasy.com.hk

封面設計／林雯瑛
內頁排版／思　思
印　　刷／緯峰印刷股份有限公司

出版日期／2023 年 6 月初版
定　　價／380 元（缺頁或裝訂錯誤的書，請寄回更換）
I S B N／978-626-7251-38-6
電子版ISBN／9786267251805（PDF）
9786267251812（EPUB）